KARL GRAF STAUFFENBERG

AUS VERANTWORTUNG

Ein Gespräch mit Armin Fuhrer

KARL GRAF STAUFFENBERG

AUS VERANTWORTUNG

WAS DER MODERNE LIBERALISMUS MIT DEM 20. JULI 1944 ZU TUN HAT

Ein Gespräch mit Armin Fuhrer

lau verlag

Bibliografische Information
der Deutschen Nationalbibliothek
Die Deutsche Nationalbibliothek verzeichnet diese
Publikation in der Deutschen Nationalbibliografie;
detaillierte bibliografische Daten sind
im Internet über http://dnb.d-nb.de abrufbar.

ISBN 978-3-95768-211-6

Internet: www.lau-verlag.de

Umschlagentwurf: pl, Lau-Verlag, Reinbek
Umschlagabbildung: © Kristin Kehr
Satz und Layout: pl, Lau-Verlag, Reinbek
Druck und Bindung: GK Druck Gerth und Klaas GmbH & Co. KG, Hamburg
Printed in Germany

Inhalt

Teil 2
Gegenwart, Zukunft, Verantwortung

Einleitung

Geschichte wiederholt sich nicht, aber man kann aus ihr lernen. Der Spruch mag ein wenig abgedroschen klingen – aber gerade in Zeiten wie den unseren, in denen sich Extremisten von der rechten und von der linken Seite des politischen Spektrums aufmachen, unsere Demokratie zu beschädigen oder gar zu beseitigen, ist es gut, ihn stets im Hinterkopf zu haben. Die Demokratie in Deutschland wird von vielen, von sehr vielen Menschen heute als völlig normal, als Naturzustand angesehen. Sie sei da so wie die Luft zum Atmen, glauben sie. Richtig daran ist aber nur, dass sie wichtig ist wie die Luft zum Atmen. Denn ein Blick gerade in die Geschichte unseres Landes zeigt, wie labil ein demokratisches Gebilde ist. So wie Demokratie der tägliche Kampf unterschiedlicher Interessengruppen um die beste Lösung und einen fairen Ausgleich ist, so muss die Demokratie selbst stets gegen ihre Feinde verteidigt werden. Die Demokratie der Weimarer Republik konnte von Adolf Hitler und den Nationalsozialisten nicht beseitigt werden, weil sie so stark waren – sondern sie ging unter, weil die Demokraten in den Jahren 1930 bis Anfang 1933 so schwach waren. Und weil viele Menschen zu lange schlicht desinteressiert an ihrem Schicksal waren, weil sie nicht begriffen, dass das Schicksal der Demokratie ihr eigenes war. Ein Blick in die Gegenwart zeigt, dass dieses Desinteresse auch heute wieder oder noch immer viel zu weit verbreitet ist.

Der Einsatz für die Demokratie, für die Verfassung und den Rechtsstaat ist ein ureigenes liberales Anliegen. Moderner Liberalismus stellt sich gegen jeden Versuch von Menschen und gesellschaftlichen Gruppen, andere Menschen und Gruppen zu dominieren und eine nicht demokratisch legitimierte Herrschaft über sie auszuüben. Es mag nur auf den ersten Blick überraschen, dass für dieses urliberale Prinzip des Handelns aus Verantwortung für sich selbst und für das Gemeinwesen gerade auch ein Mann steht, der in die deutsche Geschichte eingegangen ist als derjenige, der Adolf Hitler beseitigen wollte: Claus Schenk Graf von Stauffenberg. Als Offizier der Wehrmacht, als Adliger und als gläubiger Katholik gilt Stauffenberg heute den einen als traditionsbewusster und konservativer Mensch, der sich aus Gewissensgründen gegen Hitler auflehnte und dafür mit seinem Leben büßte. Andere dagegen sehen in ihm einen Reaktionär und Nationalisten, gar einen Judenhasser, der dem Schicksal der Menschen im Krieg, dem millionenfachen Tod und dem Verbrechen der Nationalsozialisten an Juden und anderen Gruppen gleichgültig gegenüberstand. Einen Mann, der nur daran interessiert war, dass Deutschland als Großmacht erhalten bleiben würde. Dass diese zweite Sichtweise falsch ist, darum soll es in diesem Buch unter anderem gehen. Und ebenso, dass sich aus der mutigen Tat Stauffenbergs heute der liberale Grundsatz des selbstbestimmten und verantwortlichen Handelns herleiten lässt.

Diese Sichtweise speist sich nicht aus der Tatsache, dass sich in diesem Buch mit Karl Schenk Graf von Stauffenberg ein Enkel des Attentäters äußert. Sondern sie entstammt der Auffassung, dass gelebter Liberalismus Handeln aus Verantwortung bedeutet – und zwar für sich selbst als auch für die Gemeinschaft, in der man lebt. Und genau diesem Anspruch ist der Mann, der den brutalen Diktator Adolf Hitler töten wollte, damit viele andere Menschen in Deutschland und anderswo leben konnten, gefolgt. So analysieren wir in Interview- und Diskussionsform die ideellen Gründe, die zum Attentat führten, geben aber vor allem auch einen Einblick, wie die Familie Stauffenberg die Jahrzehnte nach dem 20. Juli 1944 damit umgegangen ist, dass aus ihrer Mitte der Mann stammte, der – wenn auch vergeblich – versuchte, Deutschland und die Welt von Hitler zu befreien. Damit geht die Enkelgeneration einen Schritt weiter als die Generation der Stauffenberg-Kinder, die sich ganz bewusst dieser Aufgabe versagt haben. Dem Leser eröffnen sich neue und spannende Einblicke in ein besonderes Kapitel des Themas »Aufarbeitung der Nazi-Vergangenheit«.

Dieses Buch erschöpft sich aber nicht in der Rückschau – es geht weit darüber hinaus. Es legt dar, wie ein Nachfahre des Attentäters aus dem Potenzial schöpft, das diese historische Tat uns heute zu geben vermag. Er stammt aus einer konservativen Familie, in der zwei Männer gewichtige Rollen in der CSU und in der deutschen Politik spielten, der Enkel selbst ist ein überzeugter Liberaler. Sein Weltbild beruht auf der Bedeutung des Individuums, das Träger von Rechten, aber auch Verpflichtungen ist. Daraus leiten sich seine politischen Grundsätze ab – und sein Kampf gegen jegliche Art von Extremismus. Bürgerrechte, die Freiheit des Einzelnen in der Solidargemeinschaft, Bildung als Ausdruck individueller Freiheit und der Erhalt unserer Lebensgrundlagen durch den Schutz von Klima und Umwelt als Ausdruck und als Folge liberaler, weltoffener, nicht ideologisch fixierter Politik bilden grundlegende Themen dieses Buches. Es entsteht auf diese Weise keine abgerundete Sicht auf den Liberalismus im 21. Jahrhundert – das war weder das Ziel des Buches noch wäre es in diesem Rahmen überhaupt möglich gewesen. Das Buch soll zum Nachdenken anregen, was in unserer Gesellschaft vielleicht schiefläuft, und es soll Denkanstöße – nicht fertige Lösungen – bieten, wie man es besser machen könnte. Und es ist als Aufruf, die Demokratie zu verteidigen, zu verstehen an die noch immer große und breite Mehrheit der Menschen, die wissen, dass die Demokratie bei all ihren Schwächen nicht nur das beste, sondern überhaupt das einzige System ist, in dem die Einzelnen und die Gesellschaft zu einem fairen Ausgleich ihrer Interessen kommen.

Ausgangspunkt des Buches sind die Ereignisse des 20. Juli 1944, als Oberst Claus Schenk Graf von Stauffenberg im Führerhauptquartier im ostpreußischen Rastenburg, der sogenannten Wolfsschanze, während einer Lagebesprechung von Offizieren mit Hitler eine Bombe explodieren ließ, die er zuvor unter dem Kartentisch deponiert hatte. Hitler erlitt nur leichte Verletzungen. Der Plan, mithilfe der »Operation Walküre« die Macht an den wichtigsten Schaltstellen zu übernehmen, schlug im Laufe des Abends fehl. Noch in der Nacht zum 21. Juli wurden Stauffenberg und vier weitere Verschwörer im Hof des Berliner Bendlerblocks hingerichtet. In den folgenden Monaten gerieten Hunderte tatsächliche und vermeintliche Verschwörer aus dem nahen und weiteren Umfeld Stauffenbergs in die Fänge von Heinrich Himmlers SS. Insgesamt wurden etwa 200 Personen hingerichtet. Sie entstammten nicht nur dem militärischen Widerstand, sondern auch anderen Gruppierungen wie dem Kreisauer Kreis. Das zeigt, dass es verkürzt ist, sich ausschließlich auf die Person Stauffenbergs zu konzentrieren, wie dies heute häufig geschieht. Der 20. Juli verband ganz unterschiedliche gesellschaftliche Gruppierungen im Widerstand gegen Hitler und das NS-Regime. Das war ein Zeichen seiner Stärke und sollte heute Vorbild im Kampf gegen Extremisten sein.

Wir leben heute zum Glück in einer Zeit, in der wir nicht in einem Regime der Unterdrückung leben müssen und in dem sich nicht Menschen ohne Rücksichtnahme auf ihr eigenes Leben und Wohlbefinden gegen dieses Regime auflehnen müssen. Ein Blick in die deutsche Geschichte, aber auch in die Gegenwart vieler anderer Länder auf der Welt reicht aus, um zu verstehen, dass dieser Zustand nicht naturgegeben ist. Dieses Buch soll einen Beitrag dazu leisten, die demokratische Mehrheit wachzurütteln, damit auch die nächste Generation noch in Frieden und Freiheit leben kann.

Irmelshausen und Berlin, September 2019

Karl Graf Stauffenberg
Armin Fuhrer

TEIL 1
Erbe und Verpflichtung

Es gibt ein Recht, nicht zu glauben

Graf Stauffenberg, Sie kommen aus einer sehr traditionsreichen Familie. Interessieren Sie sich für diese Familiengeschichte?

Nicht mehr als andere. Allerdings wurde ich in diese Familie hineingeboren, sodass ich natürlich das ein oder andere mitbekommen habe, ob ich nun wollte oder nicht. Außerdem werde ich ja bis heute auf diese Familie und deren Protagonisten angesprochen.

Ihre Vorfahren stammen aus der Gegend südlich des Neckar und beiderseits der oberen Donau in Schwaben. Im 13. Jahrhundert wurden die Stauffenbergs in das Amt des Schenken und Truchseß am Hofe der Grafen von Zollern ernannt. Das war ein prestigeträchtiges Amt, mit dem die Verwaltung der Weinberge und -keller sowie die Aufsicht über die Tafel verbunden war. Noch heute findet sich der Titel Schenk ja im Namen der Familie. Bis zum Ende des 15. Jahrhunderts war Schenk sogar der Haupt-

name, Stauffenberg bezeichnete nur den Ort der Herkunft. Bis heute allerdings gibt es in der Familie auch die Vorstellung einer Verbindung zu den Stauferkaisern. Kaiser Leopold I. erhob 1698 einen Zweig der Familie in den Freiherrenstand, Leopold II. einen anderen 1791 in den Reichsgrafenstand. Aus der Freiherren-Linie stammt der Ahn der Brüder Stauffenberg. Im 17. und 18. Jahrhundert erwarb die Familie eine Reihe von Schlössern.

In unserer Familie gab es im 17. und 18. Jahrhundert Domherren von Bamberg, Würzburg und Augsburg. Interessant ist aber besonders, wie wir zu unserem erblichen Grafentitel kamen. Unter König Ludwig II. von Bayern gab es einen Präsidenten der Kammer der Reichsräte aus meiner Familie; die beiden mochten sich nicht. Aber dieser Stauffenberg ist der Grund, warum eine Linie der Stauffenbergs Grafen geworden sind. Irgendwann musste der Kammerpräsident belobigt werden, weil er so viel für den bayerischen Staat getan hatte. Der eine, nämlich mein Vorfahr, versuchte, das Geld zusammenzuhalten, der andere, Ludwig II., schaufelte es mit beiden Händen hinaus. Ludwig fragte Stauffenberg, worüber er sich denn zu seiner Belobigung besonders freuen würde. Stauffenberg antwortete daraufhin: »Majestät, alles, nur keinen bayerischen Grafen.« Darauf ernannte Ludwig ihn zum bayerischen Grafen. Ob diese Geschichte so stimmt, weiß ich nicht, aber es ist eine sehr schöne Sage.

Ein anderer Stauffenberg hat in der Geschichte Bayerns für ein positives Ausrufezeichen gesorgt. Er setzte sich nämlich zweimal, 1867 und 1870, für die Abschaffung der Todesstrafe ein. Das war für ihn eine »reine Frage der Menschlichkeit«, aber damit war er seiner Zeit voraus. Der Vater der Brüder Stauffenberg, also Ihr Urgroßvater,

wurde schließlich 1899 württembergischer Kammerherr und Stallmeister und 1908 Oberhofmarschall.

Das führte dazu, dass mein Großvater und seine Brüder im Stuttgarter Schloss aufwuchsen – was sie sehr geprägt hat.

Der Historiker Peter Hoffmann, der die wohl fundierteste Biografie über Claus Schenk Graf von Stauffenberg geschrieben hat, weiß zu berichten, dass sich der württembergische Hof der begrenzten Bedeutung des Königreiches bewusst war; ebenso habe man die Monarchie nicht als etwas empfunden, das unveränderbar ist. Und schon damals wurde sie ohnedies durch den Landtag, die Regierung, Gesetze und politische und militärische Verpflichtungen begrenzt. König Wilhelm II. sei ein volkstümlicher Monarch gewesen. Zum fünfundzwanzigjährigem Dienstjubiläum schrieb das »Organ der Sozialdemokraten Württembergs«: »Das Verhältnis zwischen König und Volk ist in Württemberg ein ungetrübtes. {…} Nehmen wir alles in allem, so will es uns scheinen, daß unter den gegebenen Verhältnissen gar nichts geändert würde, wenn morgen in Württemberg an die Stelle der Monarchie die Republik treten würde. Kein zweiter Anwärter würde, wenn alle Bürger und Bürgerinnen des Staates zu entscheiden hätten, mehr Aussicht haben, an die Spitze des Staates gestellt zu werden, als der jetzige König.« Eine erstaunliche Einschätzung für ein SPD-Blatt, oder?

In der Tat. Sie zeigt, dass der König zwar kein Demokrat, sondern eben ein König war – aber selbst bei den Demokraten, und dort sogar auf der ganz linken Seite, sehr beliebt war. Das muss man im Kopf haben, wenn es heißt, mein Großvater sei beim König in einem Schloss aufgewachsen und dass ihn manche deswegen heute automatisch ablehnen, weil so einer ja doch gar kein Demokrat gewesen sein könne. Das war kein Herrscher, der das Volk unterdrückte, sondern er war beliebt. Er ging übrigens jeden Tag mit seinen Hunden spazieren und grüßte jeden Untertan freundlich, dem er begegnete. Mein Urgroßvater blieb ihm ja auch nach seinem Sturz während der Novemberrevolution 1918 treu.

Durch eine Heirat verband sich Ihre Familie dann mit den von Üxküll-Gyllenband. Über diese Verbindung sind Sie mit August Neidhart von Gneisenau, dem ehemaligen Generalstabschef des preußischen Feldmarschalls Fürst Blücher von Wahlstatt verwandt. Aber machen wir mal einen Sprung – zu Ihnen.

Ich wurde 1970 in München geboren, als drittes Kind. Zwölf Jahre später kam noch mal eine kleine Schwester hinterher. Die ersten Jahre meines Lebens habe ich dann in Oberbayern verbracht, erst in Großinzemoos, dann in Beuerberg, etwa 50 Kilometer südlich von München – alles sehr bayerisch. Beuerberg ist ein klassisches Voralpenidyll. Meine Eltern kauften dort ein altes Gasthaus, das direkt gegenüber der Kirche lag. Früher waren die Kirchgänger nach der Messe ins Gasthaus gegangen. Als es das nicht mehr gab, kamen viele einfach zu uns zum Frühschoppen. Der alte Besitzer hatte es verkaufen müssen, weil damals Vorschriften zur Hygiene aufkamen, den notwendigen Umbau konnte er sich aber nicht leisten. Das war ein ziemlich großes Haus mitten im Dorf. Bis zum 13. Lebensjahr habe ich dort meine Kindheit und Jugend verbracht. Dann bin ich auf ein Internat ins Sauerland, nach Fredeburg gekommen. In der Zeit, als ich im Internat war, zogen meine Eltern, das war 1984, nach Kirchlauter …

… wo sie im Schloss Kirchlauter wohnten …

Ja. Ich selbst verließ 1988 nach der zehnten Klasse das Internat wieder und bin in Kirchlauter zur Schule gegangen. Meine Schulzeit ist kein Ruhmesblatt, da lege ich gerne den Mantel des Schweigens drüber.

Weil Sie nicht sehr gut in der Schule waren?

Ja, das muss man wohl so sagen.

Hat Sie das Leben auf dem Land geprägt?

Klar. Als Kind war das toll. Jeden Tag nach der Schule wurde der Fußball geholt und los ging es. Ich lebte total frei und ich konnte eigentlich tun, was ich wollte. Eine schöne Zeit. Aber dann wurde ich älter und das Landleben eben sehr langweilig. Eine Disco, heute würde man das Club nennen, gab es nicht. Das Leben war nun eine Farce, es fehlte eigentlich alles, was ich als Heranwachsender so brauchte. Das Internat, in das ich dann kam, war auch sehr ländlich. Jeder, der sich das Sauerland einmal angeschaut hat, weiß, wovon ich rede. Man könnte meinen, dass direkt dahinter das Ende der Welt liegt – das meine ich nicht böse, aber als Jugendlicher habe ich das so empfunden. Das Leben im Internat war auch ziemlich streng, es gab relativ wenig Freiheit.

Wie sah es mit Ihrer Familie aus?

Berthold ist der älteste Sohn meines Großvaters, er war Soldat und Offizier bis zum General. Der Zweitälteste ist Heimeran, er ist bis heute Unternehmer. Dann kommt mein Vater, Franz Ludwig Schenk Graf von Stauffenberg, der 1938 geboren wurde. Er ist Jurist, hat zunächst bei Krauss-Maffei gearbeitet, war dann von 1972 bis 1984 Mitglied des Deutschen Bundestages und von 1984 bis 1992 des Europäischen

Parlaments. Anschließend ging er zur Bodenverwertungs und -verwaltungs GmbH (BVVG), wo er für die Privatisierung der Wälder in den neuen Bundesländern verantwortlich war. Er quittierte aber seinen Dienst, als damals Oskar Lafontaine Bundesfinanzminister – und damit sein oberster Dienstherr – wurde. Unter dessen Maßgaben wollte er partout nicht arbeiten. Die drei Brüder hatten eine Schwester namens Valerie, die aber im Alter von 25 Jahren verstarb. Und schließlich Konstanze, die erst nach dem Tod ihres Vaters geboren wurde. Sie hat 2009 das Buch über ihre Mutter geschrieben, welches vielen erst die Augen öffnete, wer diese Frau eigentlich war. Meine Familie hat sich dann per Heirat mit den Guttenbergs durch meine Eltern verbunden, was dazu führt, dass der frühere Verteidigungsminister Karl Theodor zu Guttenberg mein Cousin ist.

Hat Religion eine Rolle gespielt und spielt sie heute noch eine Rolle in Ihrem Leben?

Als Bayer und als Sohn meiner Eltern bin ich katholisch, ja, das hat eine Rolle gespielt. Meine Eltern sind beide überzeugte und gläubige Christen und so wurden wir vier Kinder sehr katholisch erzogen. Meine Geschwister hatten überhaupt kein Problem damit. Bei mir allerdings war und ist das anders. Wenn es um den Glauben geht, steht mir einfach mein freier Geist im Weg. Es wäre sicher manchmal schöner, dies alles so glauben zu können, wie es die katholische Kirche lehrt, aber ich tue mich einfach wahnsinnig schwer mit dem Glauben. Ich weiß, dass Glaube manches leichter macht. Er gibt einem Zuversicht, und wenn man nicht glaubt, fehlt einem manchmal diese Zuversicht. Ich kann, wenn es mir gerade mal richtig mies geht, eben nicht einfach sagen: Ach, der liebe Gott wird's schon richten.

War das immer so oder hatten Sie als Kind eine Art naiven kindlichen Glauben an Gott?

Nein, ich kann mich an keine Phase erinnern, wo ich das, was die katholische Kirche erzählt, irgendwie als bare Münze genommen habe. Es gab sicher auch ganz pragmatische Gründe für meine Skepsis – ich musste jeden Sonntag um 9 Uhr zur Kirche, weil meine Eltern das wollten. Und natürlich hatte ich keine Lust dazu, so früh aufzustehen. Das war aber Pflicht. Ich bin heute allerdings ganz froh, dass es Pflicht war, denn dadurch kann mir niemand nachsagen, ich hätte mich mit dem Thema nicht auseinandergesetzt. Es ist aber tatsächlich so, dass ich diesen naiven Glauben manchmal wirklich gerne hätte. Diese Gewissheit zu haben, es gibt da noch eine Instanz über mir, der ich vertrauen kann, dass alles gut wird, hat sicher Vorteile, das habe ich als Kind schon irgendwie gespürt. Diese Gewissheit habe ich aber spätestens seit meinem 13. oder 14. Lebensjahr verloren.

Das passt vielleicht auch nicht so richtig zu einem aufgeklärten Liberalen?

Mein liberaler Grundsatz ist, dass ich jedem die Freiheit zugestehe, zu glauben, was er möchte. Egal ob Katholik, Protestant, Jude, Muslim oder eine andere Glaubensrichtung. Ich würde mir niemals anmaßen zu behaupten, Glaube ist Blödsinn und Opium fürs Volk. Ich nehme jeden ernst, der glaubt, und es ist dabei auch egal, was er glaubt. Aber ebenso nehme ich auch jeden Agnostiker ernst. Es gibt ein Recht, zu glauben, aber es gibt auch ein Recht, nicht zu glauben. Es entspricht den Grundsätzen des Liberalismus, dass eine Gesellschaft, die auf einer Zwangsreligiösität aufgebaut ist, nicht funktionieren kann, denn es handelt sich dann immer um eine Form der Unterdrückung.

Mussten Sie sich die Freiheit von der Religion zu Hause erkämpfen oder haben Ihre Eltern das immer akzeptiert?

Für meine Mutter war das nicht so einfach. Mein Vater hat das sehr schnell akzeptiert. Er hatte aber eine Bitte: Ich sollte mich weiterhin mit dem Thema Glauben und Religion auseinandersetzen, es nicht einfach aufgeben und nie wieder darüber nachdenken. Dafür bin ich ihm dankbar. Ich gehe sogar heute noch manchmal mit meinen Eltern zusammen in die Kirche. Das mache ich gerne und ich versuche jedes Mal, etwas davon mitzunehmen. Immerhin hat unsere Gesellschaft ja auch aus dem christlichen Glauben ihre Art zu leben und zu denken adaptiert. Und vieles aus dem liberalen Denken hat seine Wurzeln im christlichen Glauben. Besser als mit dem christlichen Grundsatz »Liebe deinen Nächsten wie dich selbst« kann man Liberalismus eigentlich gar nicht ausdrücken.

War das Internat, auf dem Sie waren, auch katholisch?

Nein, das war privat geführt. Es war auch kein Internat im eigentlichen Sinne, es war mehr eine Art Wohnheim. Dort gab es vom Sonderschüler – heute heißt das Förderschüler – bis zum Gymnasiasten alles. Es wurde sehr darauf geachtet, dass die katholischen Schüler in die katholische Kirche, die evangelischen in die evangelische gingen, und wer nicht getauft war, konnte sich die Kirche aussuchen. Ansonsten war das eine ziemlich strenge Einrichtung, man hatte so gut wie keine Zeit für sich selbst. Es gab viel Sport, viel Werken, Lesen und andere gemeinsame Aktivitäten.

Hat Ihnen diese Zeit gutgetan?

Jein. Der straffe Zeitplan hat mir gutgetan, ganz bestimmt. Diesem Korsett konnte man sich gar nicht entziehen. Bis zu einem gewissen Grad war der Zwang gut. Ich bin leider nach der zehnten Klasse abgegangen, vielleicht hätte ich bis zum Abschluss dort bleiben sollen. Aber ich hatte nach diesen drei Jahren in diesem Korsett einfach ein zu großes Verlangen nach Freiheit. Ich wollte mich nicht mehr in dieses Korsett spannen lassen. Zugleich war ich auch der Meinung, dass das Leben in meiner Familie zu Hause ebenfalls ein solches Korsett war. Ich habe mir, als ich wieder zu Hause bei meinen Eltern wohnte, viele Freiheiten genommen – zu viele Freiheiten, das habe ich gelernt, können aber auch ein Problem sein, das kann auch in die Hose gehen.

Die Schule konnte Sie nicht begeistern. Gab es trotzdem Fächer, die Sie mochten?

Geschichte und Sozialkunde fand ich immer spannend. Das bedeutet aber nicht, dass ich darin immer gut war, das war sehr abhängig vom Lehrer. Ich konnte immer gut historische Zusammenhänge erkennen, war aber nie gut im Lernen von Zahlen und Daten. Und ich war immer sehr sportlich, ebenso mochte ich Musik. Klassische Lernfächer wie Latein und Mathematik waren nicht so mein Ding. An Latein fand ich nur gut, dass dort immer viel Geschichte dabei war.

Mit 18 zogen Sie dann zurück zu Ihren Eltern nach Kirchlauter. Jetzt lebten Sie in einem Schloss. Schloss Kirchlauter kann immerhin schon auf eine jahrhundertelange Tradition zurückblicken. Es ist ein ehemaliger Besitz der Familie Guttenberg. Fürstbischof Johann Gottfried von Guttenberg ließ den Bau mit zwei dreigeschossigen Flügeln ab 1689 errichten. Auffallend ist vor allem der Festsaal im ersten Obergeschoss des Südflügels mit vielen Ölporträts und einer reichen Stuckdekoration, die wohl um 1730 ent-

stand. Das Schloss umgibt ein gemauerter Wassergraben – es wird auch Guttenberg'sches Wasserschloss genannt – sowie ein kleiner Park mit barocken Gartenfiguen. Ihre Familie ist aber erst seit einigen Jahrzehnten im Besitz dieses Anwesens, oder?

Das stimmt. Die Freiherren von Guttenberg wohnten hier von 1502 bis 1984. Meine Mutter, die ja eine geborene Freiin von und zu Guttenberg ist, fiel dieses Anwesen durch Adoption zu als sie schon längst verheiratet war und schon Kinder hatte. Ihre entfernte Tante und ihre Brüder hatten keinen Nachwuchs. Sie wollte, dass das familiäre und kulturelle Erbe weiterlebt.

Wie war das so als Jugendlicher, in einem Schloss zu leben? Die meisten Menschen können sich das wahrscheinlich gar nicht richtig vorstellen.

Ehrlich gesagt: Mir geht es so, dass ich es mir andersherum kaum vorstellen kann. Das ist genau wie die Frage, wie das eigentlich als Enkel eines so berühmten Großvaters ist. Ich bin da als Kind einfach reingewachsen. Meine Mutter kommt aus Guttenberg, das ist ein viel größeres Schloss als Kirchlauter. Als Kind war ich dort jede Sommerferien. Es mag komisch für andere klingen, aber für mich war das immer völlig normal, auf einem Schloss zu leben. Ich selbst fand es damals viel besser, wenn ich Bekannte in München besucht habe, die in einer schicken Wohnung mitten im Zentrum lebten. Da dachte ich jedes Mal, wie toll es wäre, so zu wohnen. In einem Schloss aufgewachsen zu sein und zu leben – ich bewohne ja auch ein eigenes – ist für mich weder ein Statussysmbol noch ein Privileg. Wenn man schon als Kind ständig in solchen Häusern ein- und ausgeht, ist das nichts Tolles, aber auch nichts Verwerfliches.

Sie bewohnen selbst Schoss Irmelshausen im unterfränkischen Kreis Rhön-Grabfeld. Das ist ein hübsches kleines Schloss, dessen Ursprünge auf das 11. Jahrhundert zurückgehen und das gerne mal als Filmkulisse genutzt wird. Seit Ende des 14. Jahrhunderts ist es im Besitz der Familie von Bibra, die auch heute die eine Hälfte bewohnt – die andere Hälfte gehört den Stauffenbergs. Da das Schloss fast durchgängig genutzt wurde, war es auch niemals dem Verfall preisgegeben. Der ehemalige Rittersaal ist jetzt Ihr Wohnzimmer …

Das klingt alles sehr romantisch, aber ich kann versichern, es ist viel Last und Frust, für so ein Haus sorgen zu müssen. So verpflichtet Adel eben.

Wie kam die eine Hälfte in Ihren Besitz?

Als Sigismund Freiherr von Bibra, der Eheman von Renate Freifrau von Bibra, starb, vererbte diese den Teil, der ihr gehörte, meiner Mutter. Sie übertrug den Besitz auf mich – und so wohne ich seit 2014 mit meiner Familie in diesen alten Schlossmauern. Das ist finanziell eine große Belastung und die Vorstellung, dass es in dem Gebäude auch im Winter niemals wärmer als 17 Grad wird, ist sicher nicht jedermanns Sache. Aber der Gedanke, auf beengtem Raum in einer kleinen Wohnung in einer Stadt zu wohnen, ohne dass ich einen weiten Blick habe, wenn ich aus dem Fenster schaue, gefällt mir heute gar nicht mehr. Das habe ich selbst lange gehabt – ich habe in Hamburg und in Bonn gewohnt –, ich weiß also, wovon ich rede. Jetzt bin ich glücklich, hier in Irmelshausen angekommen zu sein. In so einem Schloss zu leben ist eine sehr romantische Vorstellung für jemanden, dem so etwas nicht gehört. Aber tatsächlich ist es so: Ein solches Schloss gehört einem nicht – sondern man gehört dem Schloss. Man muss ja bedenken, wie wahnsinnig teuer der Unterhalt und der Erhalt eines Schlosses ist. Von jedem Euro, den man verdient, gehen mindestens 50 Cent für die Erhaltung des Gebäudes drauf. Immer muss irgendwo etwas repariert oder saniert werden. Das ist kein Zuckerschlecken. Und wenn man irgendetwas verändern möchte, muss erst einmal der Freistaat Bayern zustimmen oder zumindest das Landratsamt. Da wird sehr viel reglementiert, das kann einem ziemlich auf die Nerven gehen. Ich muss allerdings auch sagen, dass wir bei den Denkmalbehörden Menschen haben, die unsere Anliegen verstehen. Aber ich kann nicht einfach frei entscheiden, was ich an der Fassade oder im Schloss verändern möchte. Ich kann nicht einfach Dämmfenster einbauen, um Energie zu sparen, oder neue Heizungen, damit es endlich einmal richtig warm wird im Winter. Vieles würde einfach gar nicht genehmigt werden.

»Du lebst ja noch«

Zurück zu Ihrer Jugendzeit. Da gab es eine schreckliche Erfahrung, die Ihr weiteres Leben prägte.

Im Internat durften wir einmal im Monat nach Hause zu unseren Eltern fahren. Für mich bedeutete das, dass ich mit dem Zug nach Frankfurt fuhr und dort umstieg. Als ich 13 war, ist mir etwas passiert, das mein Leben nachhaltig beeinflusste – ich wurde vergewaltigt. Ich musste im Frankfurter Hauptbahnhof auf die Toilette und da waren zwei Männer, die offensichtlich Gefallen an mir gefunden hatten. Da passierte es. Ich ließ es über mich ergehen. Was hätte ich sonst tun sollen? Ich erzählte das nach der Rückkehr ins

Internat dem damaligen Leiter. Dessen lapidare Antwort war: »Es ist ja nichts passiert, du lebst ja noch.« Er meinte noch, man würde diese Männer ohnehin nie fassen, also sollte ich einfach nichts tun. Das war für mich eine doppelt einschneidende Erfahrung, sowohl was die eigentliche Vergewaltigung betraf, als auch, was die Reaktion des Direktors anging. Das war aber in den Achtzigerjahren ganz normal, über so etwas wurde einfach nicht gesprochen. Ein Gefühl dafür, dass ich eine Bezugsperson bräuchte und das dringende Gefühl hatte, über dieses schreckliche Erlebnis und meine Not zu sprechen, gab es überhaupt nicht. Meinen Eltern habe ich das damals nicht erzählt, das ging einfach nicht. Ich habe ihnen das überhaupt erst erzählt, als ich über 40 Jahre alt war. Die vielen Jahre dazwischen habe ich das so weit weggeschoben, dass ich es tatsächlich fast vergessen hatte. Dann brach es aber wieder auf und ich musste eine ziemlich harte Therapie machen.

Gab es einen bestimmten Grund dafür?

Ich hatte schon lange immer wieder mit depressiven Phasen zu kämpfen und das wurde im Laufe der Zeit immer schlimmer. Ich konnte mir nie erklären, warum das so ist. Wenn mich jemand fragt, ob ich eine glückliche Kindheit hatte, würde ich das im Brustton der Überzeugung bejahen. Aber tatsächlich gab es für das Aufbrechen meiner Erinnerungen an die Vergewaltigung auf dem Frankfurter Bahnhofsklo einen konkreten Anlass. Ich begab mich in eine Behandlung gegen meine Depressionen und während dieser Behandlung gab es einen 18 Jahre alten Mitpatienten, dessen Problem war, dass er nicht wusste, ob er Mann oder Frau sein wollte. Er hatte einen Narren an mir gefressen und wurde ein bisschen touchy. Dadurch kam die Sache mit den beiden Männern bei mir wieder hoch. Das war sehr schwierig, es gab richtige Flashbacks. Ich wurde regelrecht aus der Realität herausgerissen und fand mich vor meinem geistigen Auge auf dem Frankfurter Bahnhofsklo wieder. Das waren praktisch Filmsequenzen des Vorfalls, die aber unzusammenhängend waren. Eine ziemlich harte Zeit für mich.

Über Themen wie sexueller Missbrauch von Jugendlichen und Depressionen wird ja erst seit einigen Jahren offen und öffentlich gesprochen. Begrüßen Sie diese Entwicklung?

Darüber wird in der Tat offener gesprochen als früher, das begrüße ich sehr. Aber generell ist es doch so, dass Patienten, die unter seelischen Erkrankungen leiden, nach wie vor ständig mit dem Gefühl leben müssen, sie dürfen darüber nicht reden, weil das nach außen immer noch als ein Makel erscheint. Zwar äußern die Umwelt, die Freunde, die Kollegen Mitleid – aber zugleich denken viele, der arme Kerl ist wegen seiner Depressionen ja gar nicht belastbar. Wenn z. B. jemand an Krebs erkrankt, ist jeder sehr mitfühlend, das ist ja auch gut so. Bei depressiven Menschen heißt es stets, die Person sei doch nicht belastbar. Das ist sehr schade und übrigens auch falsch, denn ich glaube dass gerade viele Menschen, die erkannt haben, dass sie eine solche seelische Erkrankung hatten oder haben, verdammt viel dafür tun, dass sie es schaffen, in der Gesellschaft ihre Frau oder ihren Mann zu stehen – und dadurch nicht selten viel belastbarer sind als andere. Denn sie haben gelernt, mit dieser Belastung umzugehen und sie einzuordnen, sie haben gelernt, um ihr Leben zu kämpfen, um aus dieser Episode wieder herauszukommen. Sie können sich zumindest eingestehen, dass sie diese Krankheit haben, und sie wissen zugleich, wie sie damit umzugehen haben. Das sehe ich bei mir und bei anderen als

Stärke, dass ich erkannt habe, dass ich an dieser Krankheit leide oder litt und ich aktiv dagegen etwas getan habe. Es gibt ja sehr viele depressive Menschen, die sich nicht eingestehen wollen, dass sie Depressionen haben, und das alles einfach wegschieben – und deswegen immer und immer wieder scheitern. Aus eigener Erfahrung weiß ich, dass jeder über solche Probleme offen reden muss. Ich erinnere mich da an den Fall des ehemaligen Nationaltorhüters Robert Enke.

Der achtmalige Nationalspieler brachte sich im November 2009 um, nachdem er jahrelang an Depressionen gelitten hatte, die er vor der Öffentlichkeit geheim hielt.

Ja, und dadurch wurde das Thema in der Gesellschaft sehr offensiv besprochen. Damals sagten viele: »Ja, das ist doch wunderbar, dass darüber endlich mal offen gesprochen wird.« Aber tatsächlich ist es doch so, dass bei einem depressiven Fußballspieler von 70 000 Zuschauern in der Münchner Allianz-Arena 35 000 sagen: »Na, der soll sich mal nicht so anstellen, der macht jetzt einen auf die ganz dicke Träne.« Diesen Leuten sage ich: Eine Depression ist eine Krankheit wie jede andere auch und sie verläuft manchmal oder oft sogar auch tödlich. Sie ist gleichzusetzen mit einer Krebserkrankung und kann nicht dadurch bekämpft werden, dass man dem Betroffenen sagt, er solle sich bitteschön mal nicht so anstellen.

Kann oder muss die Politik auf diesem Gebiet etwas tun?

Es ist wie bei vielen gesellschaftlichen Problemen: Die Anerkennung muss sich in der Gesellschaft entwickeln. Das dauert. Ich habe zum Beispiel erlebt, dass alte Menschen, die noch die Bombennächte des Krieges miterlebt hatten, mir gesagt haben: »Zu meiner Zeit hatten wir gar keine Zeit für Depressionen.« Solche Leute sind dann in den Wald gegangen und hatten aus Versehen einen Jagdunfall. Oder sie sind vom Traktor gefallen. Dass es sich tatsächlich um einen Selbstmord handelte, haben zwar viele aus dem Umfeld der Person gewusst oder geahnt, aber niemand hat es zugegeben, weil man so etwas ganz einfach nicht machte. Insofern hat sich sicherlich schon viel getan in der Gesellschaft, aber es muss sich noch mehr tun, damit die Menschen mit einer seelischen Erkrankung als vollwertiges Mitglied der Gesellschaft anerkannt werden und nicht als schwach gelten oder als jemand, der sich nicht im Griff hat. Die Geheimnistuerei muss ein Ende haben. Ich selbst gehe relativ offen mit meinen Depressionen um, ich erzähle anderen darüber. Das kann mir selbst helfen, aber auch der anderen Person, wenn sie vielleicht selbst eine depressive Phase durchlebt und sieht, dass man darüber ganz frei und offen reden kann. Gerade in solchen ländlichen Gegenden wie der, in der ich lebe, ist es ja immer noch oft so, dass man schief angeschaut wird, wenn man erzählt, dass man bei einem Psychotherapeuten in Behandlung ist. Diese Meinung muss einfach raus aus den Köpfen. Da hilft es auf jeden Fall, wenn es ein paar Menschen gibt, die in der Gesellschaft anerkannt sind und über ihr Problem mit einer Depression offen reden. Natürlich ist mir auch klar, dass der eine oder andere politische Gegner das alles auch politisch gegen mich verwenden kann. Das Risiko gehe ich ein. So ein Verhalten fällt ohnehin auf den zurück, von dem es ausgeht.

Noch mal zurück zu Ihrer Jugend. Wann gingen Sie von der Schule ab?

Mit 20. Danach machte ich eine Lehre als Hotelfachmann in München. Ich hatte mir vorher viel Gedanken darüber gemacht, was ich eigentlich mal machen möchte. Ich dachte, in diesem Beruf kommt man viel in der Welt herum, und genau das war mein Ziel. Mal zwei Jahre hier leben, mal zwei Jahre dort. Meine Eltern hatten mir einen teuren Berufsberater in Zürich spendiert. Als ich mit ihm zusammensaß und eigentlich immer nur über das Hotelfach redete, wusste er, wohin der Zug fahren sollte. Ich ging dann also tatsächlich ins Hotelfach, aber wie das Leben so spielt, habe ich später nie dauerhaft im Ausland gelebt. Die meiste Zeit war ich in Bayern und hatte nur zwei »ausländische« Stationen: Bonn und Hamburg. Im Hotelfach blieb ich dann aber auch nur kurz. Ich fing nämlich schon während der Lehre an, nebenbei für einen Finanzdienstleister zu arbeiten, und bald bin ich ganz in diese Branche gewechselt. Zunächst habe ich als Selbstständiger gearbeitet. Als ich aber eine Familie gründete, bekam ich die Chance, bei einem privaten Münchener Bankhaus als Festangestellter anzufangen. Ich absolvierte das Traineeprogramm, aber nach kurzer Zeit kam ein neuer persönlich haftender Gesellschafter und warf 30 Prozent der Mitarbeiter raus. Auch ich gehörte als junger Angestellter dazu.

Von dort ging ich zu einer Tochterfirma einer großen Versicherungsgesellschaft. Da sollte ein Vertriebsweg aufgebaut werden. Das lief nicht viel besser, im Gegenteil. Ich fing im Dezember an und Mitte Januar gab der Vorstand bekannt, dass der Vertriebsweg eingestampft würde. Ich wurde dann vom Mutterkonzern übernommen und sollte dort das klassische Versicherungsgeschäft machen. Das hat mich aber nie interessiert und außerdem habe ich auch nie eingesehen, warum ich einer 85 Jahre alten Frau, die gar nicht mehr in der Lage ist, ihre Wohnung zu verlassen, eine Zehn-Millionen-Haftpflicht verkaufen sollte. Das fand ich unmoralisch, aber das wurde von mir erwartet. Wenn ich fragte, warum ich so etwas tun sollte, hieß es lapidar, weil das Unternehmen Geld verdienen wolle. Nach einem halben Jahr war ich wieder weg. Das war damals auch die Zeit, als ich depressiv wurde, und der Job hatte sicherlich auch damit zu tun. Mir ist im Nachhinein auch klar geworden, dass ich immer Probleme im Job bekam, wenn ich Chefs hatte, die mir etwas auftrugen, das ich logisch nicht verstand. Wenn ich das Gefühl hatte, dominiert zu werden, konnte ich damit nicht umgehen. Das wurde mir erst durch meine Therapie bewusst. Ich hatte nie ein Problem damit, etwas zu tun, wenn ich den Grund nachvollziehen konnte. Wenn mir im Hotel von meinem Vorgesetzten gesagt wurde, ich solle einem Zimmermädchen helfen, weil ein Gast sein Zimmer völlig verwüstet hat, dann war mir der Grund ersichtlich. In der Aufgabe, einer alten Frau eine teure Haftpflichtversicherung zu verkaufen, sah ich dagegen keinen Sinn.

Damals begann – wie schon gesagt – meine depressive Phase, ich musste ein halbes Jahr ins Krankenhaus. Dann wurde ich erst mal Hausmann, meine damalige Frau verdiente den Lebensunterhalt, aber meine Ehe zerbrach unter dem Druck. Es war damals wohl sicher nicht einfach, mit mir zusammenzuleben. Ich musste mir einen neuen Job suchen und kam in die Start-up-Szene, wo ich mich um Vertriebsfragen kümmerte. Das hat mir Spaß gemacht, aber heute langweilt es mich. Dann kam die zweite depressive Phase, nachdem die posttraumatische Belastungsstörung infolge der Vergewaltigung festgestellt wurde. Seitdem das behandelt wurde, fühle ich mich gut aufgestellt. Ich weiß jetzt, was ich will, ich richte heute mein Leben mehr danach aus, wozu ich Lust habe, was mir zusagt, was meine Idee vom Leben ist. Heute habe ich gemeinsam mit meiner zweiten Frau eine Eventagentur und arbeite als DJ. Ich habe schon mit 17 Jahren gemeinsam mit einem Freund angefangen, Musik aufzulegen. Und ich mache sicher zur Hälfte auch Politik. Es ist mir ein ganz großes Anliegen, Politik zu machen und mit Menschen in Kontakt zu treten. Sie davon zu überzeugen, wie toll es ist, dass wir in einer freien Gesellschaft leben und dass wir dabei sind, uns dieses Privileg von Populisten und Extremisten wegnehmen zu lassen. Die politische Arbeit macht mir Spaß und ich finde sie sehr wichtig. Aber es erfordert einen großen zeitlichen Aufwand, da ich Vorsitzender des FDP-Kreisverbandes Röhn-Grabfeld bin.

Leben als Politikerkind

Ist es schwer, heute ein liberaler Politiker zu sein?

Ich glaube, dass die Gesellschaft langsam dahin erzogen wurde, sich immer mehr Vorschriften machen zu lassen. Wir haben uns dahin entwickelt und wir bemerken oft gar nicht mehr, wenn wir uns etwas vorschreiben lassen. Vor diesem Hintergrund ist es nicht leicht, in Rhön-Grabfeld Kreisvorsitzender einer Partei zu sein, die hier eigentlich nicht stattfindet, weil es hier so ein total schwarzer Fleck ist, also sehr CSU-dominiert. Mein Vater, der ja CSU-Politiker war, hat es in dieser Hinsicht leichter gehabt. Wer hier mit der CSU nicht einverstanden ist – ja, solche Leute gibt es auch –, wählt entweder die Freien Wähler, welche die CSU in orangefarbenem Gewand darstellen. Oder sie wählen, wenn sie wirklich frustriert sind, die AfD. Aber Parteien wie die SPD oder FDP haben kaum eine Chance, hier eine wirklich wichtige Rolle zu spielen.

Viele Politiker heutzutage gehen ja schon sehr früh in die Politik. Sie dagegen haben sich erst spät dafür entschieden. Warum?

Ich sehe es heute als einen großen Fehler an, dass ich nicht schon früher die Entscheidung traf, mich in der Politik zu engagieren. Dass ich das früher nicht wollte, liegt wohl daran, dass ich beobachtet habe, wie es für meinen Vater war, aktiv in der Politik und in einer Partei zu sein. Er wollte sich nie in irgendwelche Seilschaften einbinden lassen und Leuten nach dem Mund reden, um politisch erfolgreich zu sein. Das rechne ich ihm hoch an und genau so versuche ich auch zu sein. Mein Vater sagt gerne, dass das friendly fire, also die politische Auseinandersetzung mit den eigenen, oft nur sogenannten Parteifreunden, viel härter ist als die mit dem politischen Gegner.

Ich sagte mir damals, Politik sei zwar wahnsinnig spannend – aber sie ist nichts für mich. Ausrufezeichen. Ich habe meinen Vater während meiner Jugend kaum gesehen. Das war für mich schwierig. Just aus diesem Manko resultierte der Gedanke, dass Politik wohl für mich nichts sei. Ich hatte damals allerdings auch ganz andere Interessen. Als Jugendlicher interessierte ich mich je zur Hälfte für den FC Bayern und für die Neue Deutsche Welle. Das waren aber überhaupt gar nicht die Themen, die wir zu Hause am sonntäglichen Frühstückstisch besprochen haben. Da ging es meistens um die große deutsche oder europäische Politik. Meine älteren Geschwister, besonders mein Bruder, konnten immer mitdiskutieren. Ich nicht. Und ich fand diese Diskussionen auch immer langweilig.

Noch etwas sprach für mich dagegen, selbst in die Politik zu gehen. Ich bekam natürlich mit, dass meine Eltern in den vielen Jahren, in denen mein Vater als Abgeordneter im

Bundestag und später im Europäischen Parlament war, eine Wochenend-Ehe führten. Unser Familienleben hat damals zwischen uns Geschwistern, meiner Mutter und unserer Ersatz-Mami Anna, die, wenn man so will, unsere Nanny war, aber eigentlich noch viel mehr, stattgefunden. Sie hat mehrere Jahrzehnte in der Familie gelebt, länger als ich. Aber mein Vater hat stets eine sehr wichtige Rolle gespielt, wenn es darum ging, wichtige Entscheidungen zu treffen. Wenn es um wirklich wichtige, ernsthafte Fragen und vor allem, wenn es um logische Entscheidungen ging, war mein Vater immer die letzte Instanz. Das war von meiner Mutter auch so gewollt. Das war das klassische, althergebrachte Familienbild.

War Ihre Mutter eher die klassische Politikerfrau, wie man sie sich zumindest früher vorstellte – sie sitzt zu Hause und wartet, bis er nach Hause kommt?

Fast genauso war das bei uns. Meine Mutter hatte das von zu Hause mitbekommen. Sie war durch ihren Vater, den früheren CSU-Politiker Karl Theodor zu Guttenberg, sehr christlich und politisch geprägt. Sie war aber auch eigenständig. Sie engagierte sich im Gemeinderat, im Pfarrgemeinderat und hat katholischen Religionsunterricht in der Grundschule gegeben. Außerdem ist sie bis heute sehr im Malteser-Orden engagiert.

Der Großvater meiner Mutter, Georg Enoch Freiherr von und zu Guttenberg, kam beim Röhmputsch 1934 in Haft, überlebte aber die Nacht der langen Messer und kam trotz anderslautender Meldungen einige Wochen später wieder auf freien Fuß. Sein Sohn, also der Vater meiner Mutter, nahm als Offizier am Zweiten Weltkrieg teil. 1940 bekam er mächtig Ärger, weil er einem Leutnant, der ihm erzählt hatte, dass er einen Juden umgebracht habe, ins Gesicht sagte, er hätte an dessen Stelle lieber auf die SS geschossen. Und er hatte hinzugefügt: »Hitler ist ein Abenteurer, der den Überblick verloren hat.« Die Sache ging zwar vor ein Kriegsgericht, endete aber schließlich glimpflich. 1944 bekam er Kontakt zum Umfeld der Verschwörer des 20. Juli. Im selben Jahr geriet er in britische Kriegsgefangenschaft und arbeitete für den Soldatensender Calais, der Propaganda gegen Nazi-Deutschland machte. Nach dem Krieg wurde er CSU-Politiker und später Bundestagsabgeordneter.

Eine Zeit lang galt Guttenberg als Mann der scharfen Zunge. »Es fällt schwer, bei der Polemik des Herrn Baron von Guttenberg nicht zu beklagen, dass die Deutschen niemals eine Revolution zustande gebracht haben, die dieser Art von Großgrundbesitzern die materielle Grundlage entzogen hätte«, erklärte damals ein sozialdemokratischer Bundestagsabgeordneter namens Helmut Schmidt. Bald versöhnten sich die Genossen aber mit ihm, denn er spielte eine wesentliche Rolle bei der Bildung der Großen Koalition, welche die SPD erstmals in der Bundesrepublik mit an die Macht brachte. 1972 starb er im Alter von 51 Jahren.

Er hat meine Mutter ziemlich geprägt. Sie hatte immer schon gewisse Leitsätze, die ihre politische Gedankenwelt bestimmten. Ihre Ablehnung der Abtreibung zum Beispiel war ein ganz wichtiges Thema für sie. Sie sagte schon früher, es gebe doch tatsächlich viele Dinge, die bei der FDP gut seien, aber sie würde sie niemals unterstützen können, weil die Liberalen sich nicht gegen die Abtreibung aussprechen würden. Mein Vater war und ist differenzierter. Als er politisch aktiv wurde, stand er vor der Wahl, ob er sich der CSU oder der FDP anschließen sollte. In vielen politischen Positionen, gerade in der Wirtschaftspolitik, steht er eigentlich der FDP recht nahe. Er fand die FDP-Wirtschaftspolitik schon früher fortschrittlicher, als die Politik der CSU jemals sein wird. Aber damals, als mein Vater politisch aktiv war, bedeutete liberal nicht, dass jeder glauben darf, was er möchte. Glauben im religiösen Sinne gemeint – dieser christliche Glaube an sich war verpönt. Jemanden, der glaubte, nahm man nicht ernst bei den Liberalen. Der wurde belächelt. Daher war für meinen Vater schnell klar, dass er in der FDP niemals seine politische Heimat würde finden können. Ich glaube, wenn die FDP damals so aufgestellt gewesen wäre, wie sie es heute ist, wäre mein Vater ein Liberaler geworden. Zumindest wäre die Entscheidung zwischen CSU und FDP offener gewesen.

Meine Eltern sind von der Art her sehr unterschiedlich. Meine Mutter ist eine sehr emotionale, starke Frau, die mehr oder weniger ihre vier Kinder allein großgezogen hat. Mein Vater ist von seiner Grundstruktur und seiner Denke her deutlich weniger emotional, sondern viel kühler. Ich vermute, das ist zumindest auch eine Folge des 20. Juli und der Folgen für die Familie. Ebenso hat er es von seiner Mutter nach dem Tod ihres Mannes in der Nacht nach dem Attentatsversuch vorgelebt bekommen. Sie zeigte selten Gefühle, sie hatte Gefühle mehr oder weniger ganz abgelegt. Mein Vater ist ein Stoiker, sehr rational. Er versucht, keine Entscheidung, die er in seinem Leben trifft, auch nur ansatzweise aus einem Gefühl heraus zu treffen. Das läuft immer alles logisch und rational ab. Als es also damals um klassische Jugendthemen ging – was soll ich aus meinem Leben machen, welchen Beruf soll ich ergreifen –, war der Ansprechpartner immer mein Vater. Wenn es um Liebeskummer ging, ging ich zu meiner Mutter.

Wie sieht es bei Ihnen aus? Von wem haben Sie mehr mitbekommen – vom Vater oder von der Mutter?

Ich würde gerne von mir sagen, dass ich wie mein Vater sehr rational handle und entscheide. Aber leider gelingt mir das längst nicht immer. Das mag auch etwas mit meiner Krankheit zu tun haben, weil ich sie so lange versucht habe zu unterdrücken, dass nun doch immer wieder das Emotionale obsiegt.

Gab es in Ihrer Jugend die klassischen Vater-Sohn-Konflikte, wenn es um Politik ging? In den Achtziger und Neunzigerjahren war es ja oft so, dass der Vater der »Rechte« und der Sohn der »Linke« war.

Nein, so etwas gab es bei uns nicht. Keines der Kinder meiner Eltern waren jemals links. Um mein Revoluzzertum auszuleben, gab es für mich andere Möglichkeiten. Und sei es, dass ich mir einen Bart wachsen ließ. Das war damals übrigens schwierig, weil es mit meinem Bartwuchs in der Jugend zu meinem Ärger nicht sehr weit her war. Aber heute habe ich einen, seit ich 40 Jahre alt bin – und noch immer kann mein Vater sich damit nicht anfreunden. In meiner Jugend gab es Diskussionen darüber, wie ich mich anzog oder wie lang meine Haare waren oder dass ich mich angeblich zu wenig um die Familie kümmerte. Ich hatte lange Haare und trug weite Hosen und Blumenhemden und lief herum wie ein Hippie – ein Gräuel für meine Eltern. Aber politisch haben wir vier Kinder nicht revoltiert und wir haben alle auch immer brav CSU gewählt. FDP habe ich erst später gewählt.

Wie war das im Freundeskreis? Man wusste ja, wer Ihr Vater war, und natürlich auch, wer Ihr Großvater war.

Politik hat damals in meinem Freundeskreis überhaupt keine Rolle gespielt. Das ist übrigens heute noch so. Aber ich habe gute Freunde, von denen ich – Achtung: Ironie – glauben »muss«, dass sie grün wählen, andere dürften sich sicher für die CDU/CSU erwärmen. Es ist ja auch schön, wenn man sich mal nicht über Politik unterhält.

Wie war das, als Sie Kind waren und Ihnen so allmählich bewusst wurde, wer Ihr Großvater war, was er getan hatte und dass er aufgrund seiner Tat als berühmter Mann in die Weltgeschichte eingegangen ist? Haben Sie mit Ihrer Großmutter Nina Schenk Gräfin von Stauffenberg darüber gesprochen? Hat sie darüber erzählt?

Sie hat darüber mit mir und meinen Geschwistern gesprochen, aber man muss sagen, dass sie keine Frau war, die viel lamentiert oder mit ihrem Schicksal gehadert hat. Dazu war sie einfach nicht der Typ. Sie klagte nicht. Als Kinder hatten wir eher Angst vor ihr. Sie war einerseits eine sehr autoritäre Person, andererseits völlig unemotional. Emotionen hatte sie sich einfach wegen ihrer persönlichen Lebensgeschichte abgewöhnt. Sie hatte einen sehr eingefahrenen Tagesablauf. Das wurde extremer, je älter sie wurde. Man hatte bei ihr oft das Gefühl, man störe sie. Erst in den letzten fünf Jahren ihres Lebens, als sie im Haus meiner Eltern lebte, änderte sich das ein wenig, aber auch nur im Verhältnis zu ihren Urenkeln. Für sie hatte sie Zeit, sie redete mit ihnen und es gab immer ein Schokolädle. Dadurch normalisierte sich das Verhältnis auch gegenüber uns Enkeln. Dass sie auch eine liebende Großmutter war, war mir vorher überhaupt nicht bewusst.

Meine Schwester hatte einen anderen Zugang als ich. Darüber hat sie in ihrem 2019 veröffentlichten Buch »Mein Großvater war kein Attentäter« erzählt. Sie ging damals in Bamberg zur Schule und besuchte sie einmal in der Woche zum Mittagessen. Bei mir war es anders. Wenn ich nach Bamberg gefahren bin, um mit meinen Freunden auszugehen, dann konnte ich mein Auto bei ihr auf dem Hof parken. Meine Mutter trug mir jedes Mal auf, dann auch bei meiner Großmutter vorbeizuschauen. Aber wenn ich klingelte und sie die Tür öffnete, war gewöhnlich ihre erste Reaktion: »Ach, du bist es. Ich kann dich jetzt gerade gar nicht gebrauchen.« Es kam sehr auf die Tageszeit an, darauf, welche Sendung gerade im Fernsehen lief und solche Dinge. Ich kann das verstehen, denn meine Großmutter lebte seit Jahrzehnten allein und hatte sich ihr Leben so eingerichtet. Da kam sie dann schlecht spontan mal heraus. Ihr Tag war sehr durchgetaktet, und wer nicht gerade zur Teezeit kam, störte eben möglicherweise. Aber klar ist, dass meine Schwester einen besseren Zugang zu ihr hatte.

Das bedeutet aber nicht, dass wir nicht über meinen Großvater gesprochen hätten. Wenn ein neues Buch über Stauffenberg oder den 20. Juli herauskam oder ein Film im Fernsehen lief, dann wurde in der Familie selbstverständlich darüber gesprochen. Oft war es mein Vater in seiner Eigenschaft als Sohn, der meine Großmutter darauf ansprach. Sie redete dann in einer unnachahmlichen Art und Weise, völlig emotionslos. Für sie war das Buch oder der Film gut oder schlecht, richtig oder falsch – nicht mehr und nicht weniger. Bestenfalls meinte sie, der Autor hätte doch mal bei ihr nachfragen können. Aber sie hat nie lamentiert oder darüber geklagt, wie sie selbst dargestellt wurde.

Das ist erstaunlich, denn sie wurde doch eigentlich immer als das unbedarfte Frauchen im Hintergrund, das von dem Treiben ihres Mannes keine Ahnung hatte und von ihm nicht eingeweiht worden sei, dargestellt. Das änderte sich erst 2009 mit dem Erscheinen des Buches ihrer Tochter Konstanze von Schulthess-Rechberg – also Ihrer Tante.

Meine Tante, die im Januar 1945 während der Gefangenschaft meiner Mutter und ein halbes Jahr nach dem Tod ihres Vaters geboren wurde, stellte meine Großmutter in ihrem Buch »Nina Schenk Gräfin von Stauffenberg. Ein Porträt« in der Tat völlig anders dar.

Sie beschrieb sie als eine der faszinierendsten Frauenfiguren im deutschen Widerstand, die gleichwohl weitgehend unbekannt sei.

Und ich bin sicher, dass sie mit ihrer Darstellung richtig liegt. Nina Schenk Gräfin von Stauffenberg war vieles, aber ganz sicher nicht das Frauchen am Herd. Sie war, soweit wir das beurteilen können, ganz klar in die Staatsstreich-Geschichten eingeweiht und sie war auch Ratgeberin ihres Mannes. Was sie, auch entgegen dem, was viele heute glauben zu wissen, auf gar keinen Fall war: eine Frau, die ihren Mann ermahnte, doch in erster Linie an die Familie zu denken. So wird das heute gerne in Filmen dargestellt, aber das ist mit Sicherheit falsch. Das würde auch überhaupt nicht zu ihrer Persönlichkeitsstruktur, zu ihrem Charakter passen. Sie hat meinen Großvater bedingungslos in seinem Vorhaben unterstützt, Hitler zu beseitigen. Allerdings in dem Umfang, der ihr bekannt war. Sie wusste, dass etwas passieren würde, aber sie wusste nicht, wann und durch wen es passieren würde. Sie wusste auch nicht, dass mein Großvater den Versuch unternehmen würde, Hitler umzubringen. Aber ganz klar: Sie wusste, dass er im inneren Kreis der Verschwörer war, und sie hat zu keinem Zeitpunkt versucht, ihn davon abzubringen. Niemals hätte sie zu ihm so etwas gesagt wie: »Denk doch an deine Familie, du bist Vater von vier Kindern und das fünfte ist unterwegs.«

Versuchte Ihre Großmutter von sich aus, dieses falsche Bild von ihr in der Öffentlichkeit zu korrigieren?

Davon habe ich nie etwas mitbekommen. Ich hatte auch eher das Gefühl, dass sie sehr demütig mit ihrer persönlichen Geschichte, ihrem Schicksal umgegangen ist. Sie hat mir immer den Eindruck vermittelt, dass sie das alles einfach hinnehmen würde. Auch das, was nach dem Attentat, der Gefangenschaft und dem Krieg passierte. Es ging ihr ja zunächst materiell sehr schlecht, sie musste allein fünf Kinder großziehen und ernähren. Und nicht zuletzt war sie bis weit in die Fünfzigerjahre hinein in Deutschland in den Augen vieler Menschen die Frau eines Vaterlandsverräters. Das hat sie alles hingenommen. Ich habe sie wirklich niemals klagen hören darüber, wie ungerecht sie behandelt wurde. So war sie einfach, das entsprach ihrem Charakter. Meine andere Großmutter – von den Guttenbergs – war übrigens genau das Gegenteil. Sie hat uns ständig umsorgt, aber sie hat auch geklagt.

Wie sind Sie mit dieser emotionalen Kühle zurechtgekommen?

Ich hatte meine Schwierigkeiten damit. An ein Erlebnis erinnere ich mich gut. Als ich 20 Jahre alt war, heiratete meine ältere Schwester. Wir beide hatten ein sehr enges Verhältnis. Meine Schwester war immer mein Bezugspunkt zur Familie. Aber diese Hochzeit war für mich ein emotionaler Tiefschlag. Ich hatte mich an diesem Tag so richtig rausgeputzt. Als ich im Salon des Schlosses meine Großmutter traf, die dort eine Zigarette rauchend saß, schaute sie mich nur abschätzend von oben bis unten an und sagte: »Karl, du siehst ja heute mal fast aus wie ein Mensch.« Das war ihre Reaktion – dass ich total fertig war, das hat sie überhaupt nicht wahrgenommen. Und selbst wenn, hätte sie darauf wohl kaum reagiert. Als wir dann abends gemeinsam Zigarren rauchten, die wir bei meinem Vater gefunden hatten und die sehr alt und vertrocknet waren, drückte ich meine nach dem ersten Zug wieder aus. »Die ist nicht gut«, sagte ich zu ihr. Ihre Antwort lautete: »Doch, die Zigarre ist gut, aber du bist nicht gut genug für die Zigarre.« Ich war emotional am Boden und meine »Omama« behandelte mich auf diese Weise. Sie meinte das mit Sicherheit nicht böse, sie war einfach so. Sie hatte ihr Weltbild und ich passte da mit meinen langen Haaren eben nicht rein.

Aber das klingt jetzt schon zu negativ. Gemessen an dem, was sie als Witwe, Frau eines »Vaterlandsverräters« und alleinerziehende Mutter alles durchgemacht hat, hat sie ihre Situation stets mit unglaublicher Demut angenommen und daraus für sich und ihre Familie das Beste gemacht.

Ihre Tante Konstanze von Schulthess stellte Ihre Großmutter, anders als Sie, als sehr warmherzige und aufopferungsvolle Mutter da. Noch heute hängt eingerahmt der Zettel mit einem Gedicht, das sie in der Gefangenschaft schrieb, an der Wand ihres Schlafzimmers auf Schloss Kirchlauter.

Du bist bei mir,
Wenn auch dein Leib verging,
Und immer ist's, als ob
Dein Arm mich noch umfing

Dein Auge strahlt mir zu
Im Wachen und im Traum.
Dein Mund neigt sich zu mir,
Dein Flüstern schwingt im Raum.

»Geliebtes Kind! Sei stark
sei Erbe mir!
Wo du auch immer bist
Ich bin bei Dir!«

Hat ihr Schicksal sie so hart gemacht?

Ich glaube, dass das Schicksal eine Rolle spielte und sie verändert hat. Denn wenn ihre Kinder, also mein Vater oder meine Tanten und mein Onkel über sie sprachen, beschrieben sie sie immer als sehr warmherzige Mutter. Also wird sie wohl so gewesen sein. Aber ich als Enkel habe von dieser Warmherzigkeit wenig gespürt. Sie war andererseits durchaus, was man heute vielleicht mit dem neudeutschen Wort »tough« beschreiben könnte. Ein Beispiel: Die Familie Stauffenberg hat eine Familiengesellschaft, in der jeder männliche Nachkomme Gesellschafter wird, wenn er möchte. Bis vor Kurzem durfte die Gesellschafterversammlung ausschließlich von den männlichen Familienmitgliedern besucht werden. Es gab nur eine Frau, die immer dabei war: meine Großmutter. Sie hatte quasi den Posten von ihrem Mann übernommen. Das zeigt ganz gut ihren starken Charakter. Sie hat nicht gejammert und sich als arme Witwe dargestellt, sondern aktiv das Erbe ihres Mannes angenommen.

Kein Personenkult um Stauffenberg

Haben Sie Ihre Großmutter aktiv nach Ihrem Großvater ausgefragt?

Nein, das habe ich eigentlich nie gemacht. Heute ärgere ich mich darüber. Aber als Jugendlicher und junger Erwachsener interessierte mich das einfach nicht so stark. Es gab aber auch nie so eine Stimmung bei uns, in der man sich mal hinsetzte und über unsere Familiengeschichte redete. Wenn es dazu kam, dann gab es einen Anstoß von außen – durch ein neues Buch oder einen neuen Film beispielsweise oder eine Anfrage. Aber alle – nicht nur meine Großmutter – waren immer darum bemüht, sich an Fakten zu halten. Es wurde nie mit Emotionen über solche Themen gesprochen und niemals sagte einer, dass wir jetzt als Familie Stauffenberg doch mal etwas tun müssten.

Sie hat nicht versucht, unschöne Dinge, die ihren Mann betrafen, unter Verschluss zu halten. Da gibt es ja zum Beispiel diesen Brief meines Großvaters mit Äußerungen über Polen und Juden, die heute Kritikern als Beleg dafür gelten, dass er Nazi und Antisemit gewesen sei, was abwegig ist. Das hat sie nicht verleugnet oder unter der Decke zu halten versucht. Sie sprach offen darüber. Und sie hat nie versucht, einen Personenkult um Stauffenberg zu schaffen.

Von außen gesehen stellt man sich aber doch vor, dass Stauffenberg in der Familie ständig irgendwie präsent war. War das nicht so?

Nein. Er war lediglich in einer Art und Weise und Häufigkeit präsent, wie jeder verstorbene Großvater in seiner Familie präsent ist. Da gab es mal die Erzählung über

Stauffenberg als Vater oder über seinen Humor. Aber wir haben uns nicht regelmäßig einmal in der Woche vor dem Schrein meines Großvaters getroffen und seiner gedacht, wenn ich es mal etwas überspitzt formulieren darf. Er wurde in unserer Familie nicht als Held oder als eine besondere Persönlichkeit behandelt, sondern als Ehemann, Vater und Großvater. Es gab keinen Personenkult in unserer Familie.

Wie ist Ihr Vater mit der Tatsache, dass er der Sohn des berühmten Hitler-Attentäters ist, umgegangen? Er war ja, als Ihr Großvater umgebracht wurde, sechs Jahre alt, hat ihn also schon bewusst wahrgenommen.

Ja, er hatte schon die eine oder andere Erinnerung. Aber man darf nicht vergessen, dass Stauffenberg ja meistens im Krieg war und nur auf Urlaub oder hin und wieder mal am Wochenende nach Hause kam. Aber dann erlebte er ihn als liebevollen, warmherzigen Vater. Wenn er sich erinnerte, ging es meistens auch um den Menschen und um den Vater, nicht um den berühmten Mann der Weltgeschichte, den Attentäter.

Hat Ihr Vater viel über seinen Vater gesprochen?

So ein Gespräch, wie wir es jetzt führen, hätte er nie gemacht. Wenn Historiker kamen, die ein Buch über Stauffenberg schreiben wollten und um Informationen baten, dann gab er stets Auskunft. Aber er hat es vermieden, öffentlich in Form von Vorträgen oder was auch immer Stellung zu nehmen, zumindest in Deutschland. Er orientierte sich an einem Ausspruch meiner Großmutter, die immer sagte: »Wir sind nicht hauptberuflich Hinterbliebene.« Hätte er sich daran nicht gehalten, wäre er vielleicht genau das geworden, wenn auch nur phasenweise, nämlich jedes Jahr um den 20. Juli herum. Inzwischen kenne ich das selbst aus eigener Erfahrung.

In den Wochen vor dem Jahrestag wird das Thema ziemlich dominant und überstrahlt bei mir alles andere, womit ich mich sonst beschäftige, wie meinen Beruf zum Beispiel. Ich versuche dann immer, das Thema möglichst auf die Gegenwart zu projizieren und zu erklären, inwieweit und warum der 20. Juli und das Handeln meines Großvaters mein heutiges politisches Handeln prägt. Mein Vater unterließ das ganz bewusst. Er wollte immer unbedingt vermeiden, dass andere sagen, er sei nur in der Politik, weil er ein Stauffenberg ist.

Dagegen hat sich sein älterer Bruder Berthold durchaus öffentlich geäußert. Warum er und Ihr Vater nicht?

Ich glaube, das hat sich im Laufe der Zeit so entwickelt. Es ging wohl nicht, dass keiner etwas öffentlich sagte. Onkel Berthold schlug ja eine Offizierslaufbahn ein, stieg bis zum General bei der Bundeswehr auf und trat damit praktisch in die Fußstapfen Stauffenbergs. Keines der Geschwister wollte sich zum Sprachrohr für die anderen machen. Aber öffentliche Verlautbarungen gab es durchaus, wenn sie öffentlich veranlasst waren und Schweigen als Hinnahme oder gar als Zustimmung zu wirken drohte. Das galt auch für meinen Vater, mehrmals.

»Auf einmal Verräterkind«

Was hat er erzählt?

Mein Onkel Berthold Schenk Graf von Stauffenberg hat mit uns über seine Erlebnisse gesprochen, aber immer nur in dem Maße, wie man in einer Familie über familiäre Dinge spricht. Auch er hat seinen Vater niemals auf ein Podest gehoben. Er hat vor einigen Jahren ja auch in einer Rede berichtet, was den Kindern widerfuhr und wie er sich damals gefühlt hat. Über den Widerstand selbst wollte er öffentlich allerdings nichts sagen, genau wie mein anderer Onkel. Sie sind stets der Ansicht gewesen, dass sie, die damals Kinder waren, nichts von den Aktivitäten ihres Vaters gewusst hatten. Und was sie selbst heute wüssten, sei jedem zugänglich. »Würden wir aber darüber sprechen, könnte es doch für authentisch angesehen werden, bloß weil es von einem Stauffenberg kommt. Dies hielten wir aber für unredlich«, war immer seine Meinung. So ist es, was die Ereignisse rund um den 20. Juli und seine Hintergründe angeht, auch bei mir. Das überlasse ich lieber den Historikern.

Allerdings hat mein Onkel darüber berichtet, was er selbst erlebt hat, als die Kinder der Attentäter – und eben auch die der Stauffenbergs – in Sippenhaft kamen und von ihren Müttern getrennt wurden. Auch seine Schwester, meine Tante Konstanze von Schulthess, hat 2009 in ihrem Buch darüber geschrieben. Eigentlich geht es darin in erster Linie um meine Großmutter und ihre völlig unterschätzte Rolle als Frau des Attentäters. Das Buch hat mich sehr berührt und tut es immer noch. Sehr ausführlich hat übrigens vor wenigen Jahren auch Valerie Riedesel, die Enkelin des Vetters Stauffenbergs und Mitverschwörers Caesar von Hofacker, das Schicksal der Kinder in ihrem Buch »Geisterkinder« beschrieben. Der Erfolg beider Bücher zeigt mir, dass die Menschen heute doch offenbar ein großes Interesse an den Vorgängen von damals haben – und nicht nur, was am und rund um den 20. Juli 1944 passierte, sondern auch am Schicksal der Familie.

Die Familie wohnte ja damals in Bamberg, eine durch und durch katholische Stadt. 1943 waren die Stauffenbergs von Wuppertal dorthin umgezogen und lebten nun im Haus meiner Großmutter. Oft fuhr meine Großmutter mit ihren Kindern aber nach Lautlingen, einem kleinen Dorf auf der Schwäbischen Alb, das nicht so stark vom Nazi-Virus angesteckt war. Dort war es ruhig, es gab keine Bombenangriffe – die feindlichen Flugzeuge flogen hoch über dem kleinen Nest hinweg.

Ihr Onkel erzählte auch, dass er damals, selbst nach dem Beginn der alliierten Invasion in der Normandie am 6. Juni 1944, noch immer fest an den Endsieg glaubte.

Klar, er war ein Kind seiner Zeit – Kind jetzt mal wörtlich genommen. Er war 1944 gerade mal zehn Jahre alt und hatte nichts anderes als das Dritte Reich mit all seinen Parolen und seiner Goebbel'schen Propaganda kennengelernt. Er konnte nicht mal eben ins Internet gehen und sich über die Realitäten außerhalb dieser Propagandawelt informieren. Wie hätte er das alles nicht glauben sollen? Man hüte sich davor, dies heute, aus der bequemen Sicht der Nachgeborenen zu kritisieren.

Und seine Mutter wird kaum mit ihm über das gesprochen haben, was der Vater vorhatte, woran er beteiligt war oder was sie in Bezug auf Hitler und die Nationalsozialisten dachte.

Natürlich nicht. Sie ließ nie ihre Gegnerschaft zu den Nazis erkennen. Gerade vor den Kindern hätte das sehr gefährlich sein können, denn Kinder plappern oft ohne nachzudenken etwas aus. Immerhin wurden Kinder damals ja auch angehalten, ihren Lehrern oder Vertretern der Partei zu berichten, wenn sie im Freundeskreis – oder sogar von den eigenen Eltern – etwas Kritisches zu hören bekamen.

Sie sollten ihre eigenen Eltern denunzieren, das muss man sich mal vorstellen! Die Zeitungen schließlich waren voll von Berichten über Prozesse vor Sondergerichten gegen Menschen, die Feindsender gehört oder schwarz Schweine geschlachtet hatten – das war strengstens verboten. Für so etwas gab es oft Todesurteile. Dass es Konzentrationslager gab, habe er, wenn auch nur im Flüsterton, gehört, so mein Onkel. Aber niemand habe gewusst, was dort passierte, und man habe es wohl auch gar nicht wissen wollen. Zumindest für einen Zehnjährigen wirkt das auf mich sehr glaubwürdig.

Ihr Onkel beschrieb, warum ihm das alles so wichtig war: »Weil ich in der Rückschau glaube, dass dies meine entscheidende Erfahrung während des Naziregimes war. Ich habe erlebt, wie sogar die Jüngsten durch eine geschickte Mischung von Propaganda, eigenen Erlebnissen und einer ständigen subtilen Drohung zu einem willfährigen Teil der Maschinerie gemacht werden konnten.«

Solche Aussagen, solche Erkenntnisse finde ich sehr wichtig und sie werden umso wichtiger, desto weniger Zeitzeugen, die diese ganze schlimme Zeit am eigenen Leibe erlebt haben, noch unter uns sind. Bald wird es niemanden mehr geben, der aus direkter Erfahrung darüber erzählen kann. Deshalb müssen solche Erzählungen immer weitergetragen werden und vor allem jungen Menschen nahegebracht werden. Das hat nichts mit »ewig gestrig« zu tun, wie die Rechten von der AfD uns erzählen, sondern gerade etwas mit der Zukunft. Denn solche Erzählungen leisten einen wichtigen Beitrag, damit sich niemals wiederholt, was zwischen 1933 und 1945 passiert ist. Nur ganz nebenbei bemerkt: Das gilt auch für die Zeit der DDR, der zweiten deutschen Diktatur, die ja heute nicht selten in der Rückschau verharmlost wird.

Natürlich kann man diese beiden deutschen Diktaturen in ihrer Dimension nicht gleichsetzen, aber auch in der DDR wurde die Freiheit der Menschen brutal unterdrückt.

Ihr Onkel und seine Geschwister erfuhren natürlich von dem Attentat auf Hitler und ihre Mutter machte ihnen auch klar, dass ihr Vater der Attentäter war. Ihr Onkel Berthold fragte sie daraufhin, warum er denn den Führer habe töten wollen. Sie antwortete, er habe geglaubt, es für Deutschland tun zu müssen …

… sie selbst hat stets behauptet, sie habe gesagt: »Da hat sich der Papi wohl geirrt.« So hat es auch meine Tante geschrieben. Aber mein Onkel hat immer daran festgehalten, sie habe gesagt, er habe es für Deutschland getan.

So oder so: Ihr Onkel hat ziemlich gelitten unter dem Wissen darüber, was sein Vater getan hatte. Er erzählte, er sei bis zum Frühjahr 1945 gar nicht mehr zu klarem Denken gekommen.

Nun ja, das ist auch sehr verständlich. Seinen Vater hatte er immer als fröhlichen Menschen kennengelernt, der für ihn gleichwohl eine Autorität war. Und nun das. Wie hätten wir reagiert? Was hätten wir gedacht? Wie wären wir mit so einer Situation fertiggeworden? Was er damals empfand, ist gut festgehalten in dem Titel seiner Rede, die er 2011 hielt: »Auf einmal Verräterkind«. Genauso fühlte er sich von einer Minute auf die andere.

Was er dann als »Verräterkind« erlebte, zeigt einmal mehr die ganze Unmenschlichkeit des NS-Systems.

Ja. Es ist erschreckend, seinen Bericht zu hören. Seine Mutter wurde zwei Tage nach dem Attentat verhaftet. Die

Kinder blieben zunächst unter Gestapo-Aufsicht in Lautlingen, ehe sie schließlich ein paar Wochen später in ein Kinderheim bei Bad Sachsa gebracht wurden. Hier waren noch andere Kinder von Mitgliedern des Verschwörerkreises untergebracht. Sie alle bekamen andere Namen und es wurde ihnen verboten, anderen ihre richtigen Namen zu verraten. Sie hielten sich jedoch untereinander nicht daran und sie stellten auch bald fest, dass nicht wenige miteinander verwandt waren. So waren ja unter anderem auch die Kinder von Casear von Hofacker, dem Vetter meines Großvaters, der in Paris den Umsturz hatte organisieren sollen, in dem Heim untergebracht. Die Kinder waren vollkommen abgeschnitten von ihren Familien, hatten Angst und sorgten sich um ihre Eltern. Ebenso wie andersherum ihre Eltern Angst um sie hatten, denn auch sie wussten ja nicht, wo die Kinder waren. Meine Großmutter, die im Gefängnis saß, muss Höllenqualen ausgestanden haben aus Sorge um ihre Kinder. Das alles mag im Vergleich zu dem, was in Vernichtungs- und Konzentrationslagern passiert ist, mit dem millionenfachen Morden, vergleichsweise »harmlos« gewesen sein. Für eine Familie, zumal für kleine Kinder im Alter von vier bis zehn Jahren, war das alles aber sehr grausam. Mein Vater und seine Geschwister wurden erst befreit, als die Amerikaner auf Bad Sachsa anrückten. Noch am 3. April 1945, wenige Wochen vor dem Ende des Krieges, hätten sie eigentlich in das Konzentrationslager Buchenwald gebracht werden sollen. Das verhinderte nur ein Bombenangriff, der den Transport unmöglich machte. Ihre Mutter sahen die Kinder erst im Sommer 1945 wieder. Sie hatte eine wahre Odyssee durchgemacht, war unter anderem im berüchtigten Berliner Polizeigefängnis am Alexanderplatz inhaftiert und dann im Frauen-KZ Ravensbrück in der Nähe von Berlin. Im Januar gebar sie ihre Tochter, meine Tante Konstanze, die heute von Schulthess heißt. Da war ihr Mann schon ein halbes Jahr tot. Wenn ich mir das heute alles durch den Kopf gehen lasse, wirkt das geradezu unvorstellbar.

Was mich überrascht: Ihr Onkel wurde später ausgerechnet Soldat bei der Bundeswehr. Der Dienst im Militär lag doch gar nicht in der Tradition der Familie. Hatte das etwas mit Stauffenberg zu tun?

Richtig – die Stauffenbergs hatten eigentlich wenig mit dem Militär zu tun, wenn man von meinem Großvater absieht. Aber auch seine Entscheidung, zur Reichswehr zu gehen, kam für alle anderen sehr überraschend und unvermittelt, eigentlich hatte er doch Architekt werden oder einen künstlerischen Beruf ergreifen wollen. Aber mit ihm hatte die Entscheidung meines Onkels Berthold gar nichts zu tun, wie er sagte. Er habe diesen Schritt sogar eher trotz seines Vaters getan. Er glaubte einfach, Soldat zu sein sei der richtige Beruf für ihn. Bereut hat er das übrigens nie.

Wahrscheinlich aber waren seine Erfahrungen wegen seines Namens bei der Bundeswehr ähnlich wie Ihre eigenen?

Er erzählte, dass er, vor allem in den Anfangsjahren, im Schatten seines berühmten Vaters lebte. Viele der Offiziere kannten Stauffenberg damals ja noch persönlich. Das muss schon heftig gewesen sein für Onkel Berthold, das war sicher extremer als bei mir. Obwohl er meinte, die besondere Beachtung, die seinem Vater widerfahren sei, habe gar nichts mit dem 20. Juli zu tun gehabt, sondern mit dessen Persönlichkeit und Leistung. Immer wieder bekam er die Frage gestellt, ob er der Sohn vom Vater sei. Man darf ja auch nicht vergessen, dass in der damaligen Zeit die Tat des 20. Juli noch keineswegs unumstritten war, ganz im Gegenteil. Auf jeden Fall aber wollte er nicht nur der Sohn sein, genauso wenig, wie ich heute nur der Berufs-Enkel sein möchte.

Es muss schwer gewesen sein für ihn, sich immer wieder zu rechtfertigen für das, was sein Vater getan hatte.

Ich weiß nicht, ob er das musste oder überhaupt konnte. Die Kritik kam wohl eher aus dem Hintergrund, sie wurde nicht klar ausgesprochen, er wurde damit nicht offen konfrontiert. Er berichtete, dass eher im Kasino darüber gesprochen wurde, wovon er natürlich etwas mitbekommen habe. Ein Thema sei der Fahneneid gewesen, der ja von allen Soldaten auf Hitler persönlich geleistet worden war.

Ihr Onkel gehörte zu den letzten Angehörigen der Bundeswehr, welche die Ereignisse des 20. Juli, wenn auch nur entfernt als Kind, in irgendeiner Weise miterlebt haben.

Stimmt. Im Jahr 2000 wurden die letzten Offiziere des Jahrgangs 1939 pensioniert. Aber ein Jahr zuvor holte die Geschichte unsere Familie noch einmal ganz unerwartet wieder ein. Damals tauchte nämlich der Ehrensäbel, den Stauffenberg 1929 als Jahrgangsbester der Kavallerie vom Chef der Heeresleitung erhalten hatte, plötzlich wieder auf. Er war nach dem 20. Juli verschwunden – wahrscheinlich von der Gestapo beschlagnahmt. Dann geriet er auf ungeklärte Weise – ausgerechnet! – in die Hände des Vorsitzenden der KPD im Westen, Max Reimann, und wurde von diesem weitergereicht an den späteren DKP-Chef Herbert Mies. Die Umstände sind bis heute ungeklärt. Mies gab an, er habe viele Jahre vergeblich versucht, ein Mitglied der Familie Stauffenberg zu finden, um den Säbel zurückzugeben. Schließlich bekam meine Großmutter ihn tatsächlich zurück und behielt ihn bis zu ihrem Tode 2006. Seitdem befindet er sich in der Stauffenberg-Erinnerungsstätte im Alten Schloss in Stuttgart.

»*Dem Himmler haben wir es gezeigt*«

Wie gestaltet sich das Familienleben?

Wir haben eine große, gut funktionierende Familie, die sich regelmäßig trifft. Das geht auch auf meine Großmutter zurück. Sie hat zu ihrem Geburtstag stets ihre gesamte Nachkommenschaft zu einem Flusskrebsessen eingeladen. Das war tatsächlich in der Familie ein fester Termin, zu dem man sich getroffen hat. Sie schrieb dann in ihr Testament die Bitte, dass diese Tradition auch nach ihrem Tod fortgeführt werde. Eine Bitte, an die wir uns halten. Da kommen jedes Jahr mehr als 50 Leute.

Heinrich Himmler, der SS-Chef, wollte Ihre Familie ja nach dem 20. Juli auslöschen, wie er ankündigte. Sind diese Treffen im großen Familienkreis ein nachträglicher Sieg über ihn?

Ich bin stolz darauf, sagen zu können: Dem Himmler haben wir es gezeigt. Und das tun wir jedes Jahr aufs Neue. Der Versuch, die Stauffenbergs bis ins letzte Glied auszulöschen, hat nicht funktioniert. So etwas würde mein Vater nie sagen, aber ich sage das gerne.

Wann wurde Ihnen das erste Mal bewusst, dass Sie der Enkel des Hitler-Attentäters sind? War das ein bestimmter Punkt oder eher ein Prozess?

Einen fixen Punkt, an dem ich darüber aufgeklärt wurde, gab es nicht. Ich bin da langsam reingewachsen durch die Gespräche, die es immer mal wieder gab. Meine Eltern und meine Großmutter haben eben nie versucht, eine große Sache daraus zu machen, wenn sie auch andererseits nie bemüht waren, irgendetwas unter dem Deckel zu halten. Es gab nie das eine Erlebnis, das mir die ganze Sache auf einen Schlag bewusst machte. Wann ich das alles genau realisiert habe, kann ich gar nicht sagen, aber ich war mit Sicherheit noch ein Kind. Allerdings etwa zum Beginn meiner Zeit auf dem Gymnasium wurde mir etwas bewusst: dass ich irgendwie anders war als die anderen, dass ich irgendwie aus der Menge herausstach. Das soll nicht arrogant klingen, aber das Gefühl war da, weil ich ja immer wieder auf meine Herkunft und meinen Namen angesprochen wurde. Ich wurde von der Außenwelt anders wahrgenommen und anders behandelt, als ich das selbst für mich empfunden habe. Das wurde also von außen an mich herangetragen. Immer wieder kamen Menschen auf mich zu und sprachen mich auf meinen Großvater an. Sie fragten mich aus, lobten ihn für seinen Mut und drückten ihr Bedauern wegen seines Scheiterns aus. Oder sie sagten mir – dem Zehnjährigen–, es sei ihnen eine große Ehre, mich kennengelernt zu haben. Da wurde mir natürlich die Tragweite seiner Handlung mehr und mehr bewusst.

Besonders bewusst wurde mir die Trageweite, als ich das erste Mal in meinem Leben einen Stiefel ins Gesicht bekam. Ich war 13 Jahre alt, als drei Jugendliche in Springerstiefel auf mich zukamen und mich ausfragten. Ob es denn stimme, dass ich Stauffenberg heiße, ob denn mein Großvater tatsächlich der Mann sei, der den Führer habe umbringen wollen. Als ich das ganz naiv bejahte, bekam ich, bevor ich irgendwie reagieren konnte, einen Stiefeltritt ins Gesicht. Die Folge war ein dreitägiger Aufenthalt im Krankenhaus. Das waren handfeste Neonazis. Damals habe ich das erste Mal erfahren, dass das Attentat vom 20. Juli 1944 auf Adolf Hitler eine Angelegenheit ist, die uns damals, 1984, betraf – und die es auch heute noch tut. Und vor allem, dass diese Tat nicht nur auf Gegenliebe stößt. Ich musste feststellen, dass ich mich nicht nur nicht in der Masse verstecken konnte, sondern dass ich sogar mit Gewalt rechnen musste – da war mir klar, dass das, was mein Großvater getan hatte, eine ganz außergewöhnliche Sache war.

Es gab aber auch weniger dramatische Hinweise darauf. Wenn wir beispielsweise einen neuen Lehrer bekamen, was ja regelmäßig geschah, brauchte der immer mindestens zwei Wochen, bis er alle Namen der Schüler kannte. Nur einen merkte er sich sofort: Stauffenberg. Mich kannte er vom ersten Tag an. Nicht selten hatte ich das Gefühl, neue Lehrer wussten schon, wer ich bin, bevor sie in die Klasse kamen. Das hat mich immer zutiefst verunsichert. Ich bin so erzogen worden, dass ich nichts Besonderes bin. Dass mich Menschen anders sahen, als ich mich sah – also als ganz normal –, hat mich wirklich unsicher gemacht und gestört. Ich habe darunter als Jugendlicher gelitten. Das ging übrigens keineswegs nur mit den Geschichtslehrern so, sondern passierte in jedem Fach. Ich glaube auch, dass die Lehrer im Unterbewusstsein eine Erwartungshaltung in mich projizierten, der ich gar nicht gerecht werden konnte und der ich auch nicht gerecht werden wollte.

Und wenn im Geschichtsunterricht das Thema Nationalsozialismus an die Reihe kam? Musste dann der Stauffenberg-Nachfahre das Referat über den 20. Juli halten?

Jedes Jahr! Ich habe drei Jahre hintereinander Referate über den 20. Juli gehalten. Es war den Lehrern gar nicht wichtig, ob das Dritte Reich auf dem Lehrplan stand. Wenn die wussten, wer ich war, dann dachten sie sich, da könne man doch auch mal außerhalb der Reihe dieses Thema behandeln. Die Lehrer hofften natürlich auch immer, von mir als Stauffenberg unbekannte Details über das Attentat oder spannende intime Einblicke in die Familie zu bekommen. Das konnte und wollte ich gar nicht leisten. Meine Referate waren immer so, als sei ich persönlich überhaupt nicht betroffen – wie das Referat eines ganz »normalen« Schülers eben. Damals hat mich diese Erwartungshaltung sehr gestört und unter Druck gesetzt. Heute, im Nachhinein, kann ich die Lehrer besser verstehen. Meine Noten für diese Referate waren übrigens immer mittelmäßig, denn die Lehrer waren regelmäßig ziemlich enttäuscht. Nach dem dritten Referat nahm ich mir fest vor, mich beim nächsten Mal vor die Klasse zu stellen und ein Referat über einen Holzwurm oder sonst ein völlig absurdes Thema zu halten. Zum Glück kam es dazu aber nicht.

Haben Sie denn als Kind und Jugendlicher unter Ihrer Herkunft gelitten? Oder gab es auch Stolz auf Großvater?

Es war, wie es war. Wie schon gesagt: Bei uns zu Hause gab es keine Heldenverehrung, Stauffenberg wurde nicht als Messias gefeiert, vor dessen Altar wir uns regelmäßig versammelten. Aber ich merkte als Kind durchaus, dass mein Großvater ein Mensch gewesen sein musste, der etwas Außergewöhnliches vollbracht hatte. Aber das wurde eben stets von außen an mich herangetragen, nicht aus der Familie. Für mich persönlich habe ich das nicht als positiv wahrgenommen, sondern eher im Gegenteil als eine Belastung empfunden. Wenn man versucht, als Heranwachsender sein eigenes Ich zu entdecken und zu entwickeln, und man bekommt immer und immer wieder zu hören, dass sich alle eigentlich nur für den Großvater interessieren, ist das eben sehr schwierig. Ich bekam damals das Gefühl, ich würde in den Augen vieler anderer Menschen immer der Enkel meines Großvaters sein und nicht ich selbst. Meine älteren Geschwister sind damit lockerer umgegangen als ich. Aber ich habe unter dem Zustand gelitten.

Das war der persönliche Zugang. Wie aber haben Sie die Tat Ihres Großvaters gesehen?

Das war für mich durch und durch positiv. Ich habe den 20. Juli aber auch nicht als außergewöhnliche Tat gesehen. Ich kannte das ja nicht anders, ich bin mit dem Wissen darum aufgewachsen. Ich nahm es damals nicht so als die Heldentat wahr wie viele andere. Dadurch, dass ich von klein auf damit aufgewachsen bin, war das ein Stück Normalität. Ich kann diese Heldenverehrung, die mir oft entgegenschlägt, nicht nachvollziehen. Vor allem als Kind konnte ich das nicht.

Hatten Sie bestimmte Erlebnisse oder Erfahrungen während Ihrer Zeit bei der Bundeswehr?

Meine Zeit bei der Bundeswehr war sehr kurz, weil ich mir mein eh schon lädiertes Knie in der Grundausbildung ganz kaputt gemacht hatte. Ich war 1992 in Volkach für gerade 3,5 Monate Soldat. Nach meiner Knieoperation musste ich immer mal wieder zu meinem damaligen Spieß und in den San-Bereich, um mich wieder krankschreiben zu lassen. Der damalige Spieß sagte einmal zu mir, mein Großvater würde sich in seinem Grab herumdrehen, wenn er mitbekäme, wie ich mich um meinen Dienst drücken würde. Meine Antwort war: Wenn er ein Grab hätte, würde er das bestimmt tun.

Stolz und Unbehagen

Dem Namen Stauffenberg und der Tat Ihres Großvaters konnten und können Sie nie aus dem Weg gehen, stets sind sie präsent. Wie war oder ist es, wenn Sie Filme über Stauffenberg gesehen haben oder sehen?

Die habe ich mir, als ich etwas älter wurde, schon bewusst angeschaut. Für mich war dabei immer wichtiger, ob sie nah an der Wahrheit waren oder nicht. Als Nicht-Historiker gefiel mir von allen Filmen über Stauffenberg der mit Tom Cruise bisher am besten. Er ist für mich, nach meinem Verständnis und Wissen, am nächsten an der Wahrheit. Vor allem mache ich das fest an der Frage, wie meine Großmutter dargestellt ist. Ist sie das weinerliche Heimchen, dass ihren Mann bittet, sich und seine Familie nicht in Gefahr zu begeben, oder – wie in dem Film mit Tom Cruise – zu ihrem Mann sagt: »Tu, was du für richtig hälst.« Obwohl sie natürlich auch Sorge um die Kinder hat. Alles andere, also die Operation Walküre, die genauen Abläufe des 20. Juli, will und kann ich gar nicht beurteilen. Dafür gibt es Leute, die das studiert haben und die die Zeit haben, sich ausführlich damit zu beschäftigen.

Ihre Schwester hat in ihrem Buch eine Szene beschrieben, in der sie in der Schule sitzt, das neue Geschichtsbuch aufschlägt – und die erste Seite, auf die zufällig ihr Blick fällt, ist ein Foto Ihres Großvaters.

Klar, in jedem Geschichtsbuch, in dem es um das Dritte Reich geht, gibt es ein Foto meines Großvaters. Wenn ich die Bücher aufschlug war das immer so eine Mischung aus Stolz und »Ach, nicht schon wieder«. Das ist die Ambivalenz, die ich schon beschrieben habe – ich wollte als *Ich* wahrgenommen werden, nicht als Enkel des Attentäters; nicht als etwas, das andere Leute auf mich projizierten. Aber klar, als Jugendlicher war schon ein wenig Stolz dabei – mein Großvater stand in den Geschichtsbüchern und die Großväter meiner Mitschüler eben nicht. Stolz war auch dabei, aber das Unbehagen hat immer überwogen.

War Ihre Herkunft im Freundeskreis Thema, als Sie jünger waren?

Bei den Mitschülern ja, bei den Freunden nicht. Ich habe mir meine Freunde auch immer danach ausgesucht, wie sie mich behandelt haben. Ich merkte relativ schnell, wenn jemand mit mir befreundet sein wollte, nur weil ich ein Stauffenberg bin. Diese Personen wurden dann aus dem Kreis der Freunde ausgesondert. Den meisten meiner heutigen Freunde ist die ganze Sache vollkommen egal.

Ihre Schwester hat Ihr Buch »Mein Großvater war kein Attentäter« genannt. Sie möchte damit ausdrücken, dass ihr Großvater nichts gemein hat mit den heutigen Selbstmordattentätern des Islamischen Staates oder auch mit den Attentätern der RAF. Können Sie sich an den deutschen Herbst erinnern? Sie waren 1977 sieben Jahre alt. Haben Sie selbst mal darüber nachgedacht, dass Ihr Großvater ein Attentäter war, genau wie Andreas Baader oder Ulrike Meinhof, natürlich nur auf den ersten Blick?

Ich hatte am Anfang ehrlich gesagt mit dem Titel des Buches ein kleines Problem, weil ich ihn zu provokativ fand. Wir haben dann lange darüber gesprochen und ich muss zugeben, dass mich ihre Argumentation zu einem Teil überzeugt hat. Das Wort »Attentäter« finden wir heute sowohl für die RAF als auch für islamistische Attentäter von Al Kaida oder dem Islamischen Staat. Denen geht es darum, Menschen umzubringen, um Gesellschaften und Staaten in Angst und Schrecken zu versetzen. Das ist das heutige Bild eines Attentäters. Mein Großvater aber wollte ja genau das Gegenteil. Er wollte eben nicht möglichst viele Menschen in den Tod reißen, um Panik und Schrecken zu verbreiten. Er wollte einen Menschen gezielt töten, um Panik und Schrecken zu beenden. Das, was wir heute unter Attentat verstehen, ist etwas anderes, als man früher darunter verstand. Es ist vielleicht noch vergleichbar mit dem Einsatz von US-Spezialkräften, die Bin Laden töteten. Aber in diesem Fall verwendet man das Wort Attentat nicht, sondern spricht von »gezielter Tötung«.

Klar ist aber, dass wir seit dem 20. Juli 1944 vom »Attentat« sprechen und das Wort daher aus uns gar nicht herauszukriegen ist.

Ich werde heute noch immer wieder mit der Ansicht schriftgläubiger Christen konfrontiert, die der Ansicht sind, Mord ist Mord und deshalb in jedem Fall verwerflich. In den Augen dieser Menschen ist mein Großvater kein Held, sondern ein böser Sünder. Mit dieser Anschuldigung werde ich sehr oft konfrontiert. Aber das spiegelt auch den Gewissenskonflikt eines Menschen wie meines Großvaters wider, dem als gläubiger Christ bewusst war, dass er mit dem Mord an Hitler eine Sünde begehen würde. Er sagte sich aber, er begehe diese Sünde, um einerseits viele andere Menschen daran zu hindern, weitere schlimme Sünden zu begehen, und andererseits, um zu verhindern, dass sehr viele, wie wir heute wissen Hunderttausende und Millionen, Menschen Opfer dieser Sünder würden. Das war für ihn ein echter Konflikt, der ihn ziemlich bewegte.

In kirchlichen Kreisen, die Hitler ablehnten, war es sehr umstritten, ob man ihn ermorden dürfte. Ein gutes Beispiel dafür ist der Schweizer Maurice Bavaud. Er war ein sehr religiöser katholischer Student, der Hitler erschießen wollte und ihm mehrere Wochen in Deutschland hinterherreiste. Einmal hätte er fast abgedrückt – beim Festumzug zum Gedenken an den Hitler-Putsch vom 9. November 1923. Doch als er damals, 1938, nur wenige Meter entfernt von Hitler stand, hinderten ihn die vielen Arme der begeisterten Menschen, die sie zum Hitler-Gruß in die Luft gestreckt hatten, daran, zu schießen. Kurz darauf wurde er gefasst und später im Gefängnis Plötzensee hingerichtet. Bavaud hat sich lange und intensiv mit der Frage auseinandergesetzt, ob er als gläubiger Katholik einen Tyrannen ermorden dürfe – er hat schließlich für sich die Frage bejaht.

Ja, ich denke, dass auch Stauffenberg einen solchen Gewissenskonflikt durchmachen musste. Er sagte ja, dass derjenige, der Hitler ermorden würde, als Verräter in die deutsche Geschichte eingehen würde, aber wenn er die Tat unterlassen würde, wäre er ein Verräter am eigenen Gewissen. Das zeigt, wie schwer er sich das gemacht hat. Das zeigt den ganzen Zwiespalt, der in ihm tobte. Nicht zuletzt rang er auch um die Anerkennung von außen, das tun wir doch alle. Das Grundbedürfnis des eigenen Anerkennens und des familiären Anerkennens hatte er natürlich auch. Die Gefahr war ihm bewusst, dass die Familie Stauffenberg das gute Ansehen, das sie immer hatte, verlieren würde und möglicherweise niemals wiedergewinnen könnte. Auch dieser Punkt sollte bei einem standes- und familienbewussten Menschen wie Stauffenberg nicht außer Acht gelassen werden. Er stand also vor der Entscheidung, etwas zu tun, was gegen die Grundsätze seines Glaubens verstieß, was sein eigenes und das Ansehen der Familie zerstören würde – das muss ein schlimmer innerer Konflikt gewesen sein. Das kann ich mir gar nicht anders vorstellen. Wahrscheinlich tendierte er mal zu der einen, mal zu der anderen Seite. Ich stelle mir das ähnlich vor wie die Frage, was zu tun ist, wenn Terroristen ein Flugzeug entführen und Kurs auf ein Atomkraftwerk nehmen. Ist es richtig, das Flugzeug abzuschießen und damit das Leben zahlreicher unschuldiger Menschen, nämlich der Passagiere, zu beenden, damit keine noch viel schlimmere Katastrophe passiert? Oder soll man warten, bis das Flugzeug tatsächlich in das Atomkraftwerk gestürzt ist – vielleicht in der Hoffnung, dass kurz vorher noch irgendetwas passiert, das die Katastrophe mit vielleicht Zehntausenden Toten oder mehr verhindern könnte? Genau vor einem solchen Gewissenskonflikt stand mein Großvater.

Wie Stauffenberg ja vorhergesagt hatte, galt er den meisten Deutschen unmittelbar nach der Tat und auch noch bis etwa zur Mitte der Fünfzigerjahre als Verräter. Heute ist das ganz anders. In weiten Teilen der Gesellschaft wird er heute trotz der Kritik an ihm für seine Tat geehrt. Gleichwohl gibt es noch immer und sogar wieder mehr als früher Diskussionen über ihn. Und es wird die Frage gestellt, ob man ihn eigentlich ehren dürfe. Können Sie das verstehen?

Das halte ich für extrem unfair. Zum Beispiel die Kritik an seinen Äußerungen über die Polen und Juden aus dem berühmten Brief, der ihm heute immer vorgehalten wird …

Es handelt sich um einen Feldpostbrief aus dem Jahr 1939 aus dem Polenfeldzug. Darin berichtet er seiner Frau seine Eindrücke. Dieser Brief ist nicht im Original erhalten,

wohl aber in einer Abschrift, die Ihre Großmutter später angefertigt hat. In diesem Brief erzählt er, dass das Land »trostlos« sei, »lauter Staub und Sand«. In der Bevölkerung gebe es »unglaublichen Pöbel«, »viele Juden« und »Mischvolk«. Die Polen seien ein Volk, das sich nur »unter der Knute« wohlfühle.

Natürlich lesen sich diese Äußerungen aus der heutigen Sicht nicht gut. Wie konnte er nur so etwas schreiben? Warum hat er das getan? Klar, das frage auch ich mich. Aber wir müssen uns selbst davor bewahren, unsere heutigen Sichtweisen eins zu eins auf die damalige Zeit, überhaupt auf andere Zeiten, zu projizieren. Wir können sie nicht einfach übertragen und dann rückwirkend Kritik üben. Wir haben doch inzwischen ganz andere Erfahrungen gemacht, als sie die Menschen damals hatten. Polen war damals ein Land, das im Vergleich zu Deutschland in Teilen rückständig war. Die Zustände, auf die mein Großvater traf, erschreckten ihn, der aus einer geordneten, sauberen Welt stammte. Und wenn wir uns mal anschauen, wie es um die Wende vom 19. zum 20. Jahrhundert aussah, wie die Mainstream-Gedanken waren, so erkennen wir sehr schnell, dass es damals nur Nationalstaaten gab und dass sich viele dieser Nationalstaaten in Europa feindlich gesinnt waren. Polen schien vielen lange ein unübersichtlich zergliedertes Gebilde, das unter verschiedenen Herrschaften litt – mal unter Deutschen, mal unter Russen, Preußen, Österreichern, sowohl gegen- wie miteinander.

Und die Juden waren eine ungeliebte Ethnie, weil sie zu etwas getrieben worden waren, das sie selbst gar nicht wollten. Sie durften kein Land besitzen, und wenn sie wirtschaftlichen Erfolg haben wollten, dann mussten sie Banker oder Edelsteinhändler werden. Es waren Christen, die ihnen verboten hatten, wie andere auch jedem Beruf nachzugehen, den sie ergreifen wollten. Und dann passierte etwas, das gar nicht vorgesehen war: Es gab Juden, die wurden mit diesen aufgezwungenen Berufen reich. Antisemiten sprachen von »dem Juden«. Zum Glück haben wir uns das – zumindest die Mehrheit der Deutschen – heute abgewöhnt. Aber 1939 war das der Mainstream. Das war noch das Bild, das die allermeisten deutschen Soldaten vor Augen hatten. Zudem waren sie jahrelang tagein, tagaus von der NS-Propaganda indoktriniert worden nach dem Motto »Der Jude ist unser Untergang«. Das konnte nicht ohne Folgen bleiben. Und als sie dann nach Polen einmarschierten und sahen, dass dort eben nicht alles so sauber war wie zu Hause und dass nicht alles so sehr mit deutscher Gründlichkeit betrieben wurde, sondern dass ein gewisses Laissez-faire herrschte, da lehnten sie das einfach ab und sahen es als minderwertig an. Stauffenberg gehörte zu diesem Mainstream, er war sicher nicht besser als der durchschnittliche deutsche Soldat, was diesen Punkt anbetraf.

Dazu kommt ein weiterer Punkt: Die Sprache war eine andere als heute. Das gilt sogar noch eine ganze Weile nach dem Zweiten Weltkrieg. Wenn man sich heute Reden von Konrad Adenauer anhört, als er längst Bundeskanzler war, können einem die Ohren schlackern. Wir tun uns heute sehr schwer, wenn wir versuchen, Sprache aus früheren Zeiten zu bewerten. Man kann nicht in der Rückschau anhand eines Satzes auf die tatsächliche Gesinnung eines Menschen, der in einer völlig anderen Zeit gelebt hat, Rückschlüsse ziehen. Was ich sagen will: Wir sitzen auf einem sehr hohen Ross, wenn wir heute versuchen wollen, den Sprachgebrauch von damals zu katalogisieren und zu kategorisieren in gut und schlecht. Damit machen wir es uns viel zu einfach.

Hinzu kommt, dass der Antisemitismus nicht erst von den Nationalsozialisten erfunden wurde, sondern schon viel länger auch eine christliche Angelegenheit war. Dass ein guter Katholik ein Antisemit war, das gehörte früher zum guten Ton, schließlich waren die Juden diejenigen, die unseren Heiland umgebracht haben. Allerdings finde ich diesen Vorwurf ohnedies widersprüchlich, denn erst durch die Kreuzigung Jesus konnte das Heilsversprechen überhaupt umgesetzt werden. Also eigentlich müssten die Christen doch den Juden dankbar dafür sein, was sie getan haben, denn sonst hätte er ja gar nicht auferstehen können.

Stauffenberg wird heute auch oft vorgeworfen, dass er Nazi war …

Das ist vollkommen falsch, das glaube ich einfach nicht. Ich kann sicher das Gegenteil nicht beweisen und das will ich auch gar nicht. Aber das, was ich von meinem Vater und von meiner Großmutter gelernt habe, passt nicht in das Bild eines überzeugten und begeisterten Nazis, so wie ich mir einen Nazi vorstelle. Richtig ist aber: Er war kein Demokrat. Er ist am Hof des baden-württembergischen Königs aufgewachsen, er hat als Kind den ersten Weltkrieg und die Revolution 1918/19 erlebt; er wurde als 18-jähriger Soldat und hat die Weimarer Republik scheitern sehen. Die Republik repräsentierte für ihn das, was die Demokratie darstellte – und sie war für ihn mit ihren zerstrittenen Parteien unisono ein Verein von Schwätzern.

Es gab aber viele andere, welche die Weimarer Republik genau kennengelernt haben – die für sie gekämpft haben und etwas Gutes aus ihr machen wollten. Die 1933 ihr Leben gelassen haben oder vor Hitler fliehen mussten.

Klar gab es solche Menschen. Ich bin ja auch niemand, der versucht, meinen Großvater auf ein Heldenpodest zu stellen. Sehen Sie, einer der größten Heiligen der katholischen Kirche ist Paulus. Er war aber zuerst der Saulus, der Christen verfolgte, um dann irgendwann bekehrt zu werden. So weit möchte ich bei meinem Großvater nicht gehen. Ich würde nicht behaupten, er sei von einem bösen Nazi zu einem Freiheitskämpfer geworden – denn ich glaube überhaupt nicht, dass er jemals ein böser Nazi war.

Aber wenn man sich zum Beispiel Stauffenbergs Verehrung für Stefan George anschaut! Dessen Ideal des Staates war, dass eine gewisse Bildungselite, literarisch, feingeistig, musisch und mit einer überlegenen Intelligenz ausgestattet, irgendwann die Aufgabe zufallen würde, das deutsche Volk zu leiten. Das hat mit der dumpfen nationalsozialistischen gewalttätigen Haudrauf-Politik nichts zu tun. Wenn ich mir da beispielsweise das Buch »Porträt eines Attentäters« von Thomas Karlauf[1] anschaue, der ja aus einem georgianischen Elternhaus kommt und der selbst ursprünglich überzeugter Georgianer war, müsste dieser Autor doch eigentlich wissen, welche Philosophie George vertrat. Dass ausgerechnet er, der doch die Bedeutung dieses Stefan George für Stauffenberg so groß darstellt, trotzdem meinen Großvater als gewissenlosen Offizier darstellt, der den Krieg nur deshalb beenden wollte, damit er nicht ganz verloren geht und damit Deutschland als Staat überlebe, erstaunt mich vor dem Hintergrund seiner Kenntnis über George.

Und dazu kommt ein weiterer Punkt. Karl Georg Goerdeler oder Julius Leber waren Politiker. Sie hatten einen ganz anderen gesellschaftlichen Stand als ein Offizier. Der Sozi-

1 Thomas Karlauf: Porträt eines Attentäters, München 2019

aldemokrat Leber kam aus kleinen Verhältnissen und trotzdem schätzte Stauffenberg ihn mehr als jeden anderen. Beide waren sehr eng miteinander verbunden und mein Großvater wollte eigentlich, dass Leber nach dem erfolgreichen Putsch Reichskanzler werden sollte und nicht der für diesen Posten vorgesehene Goerdeler. Aber Leber wollte das gar nicht. Und schließlich: Man muss auch den Wesensbegriff eines Offiziers nach preußischem Vorbild betrachten. Ein Offizier hatte apolitisch zu sein. Auch das ist für uns heute undenkbar. Politik hatte er nicht zu machen. Unvorstellbar für uns heute, völlig normal damals.

Das Offizierskorps bestand übrigens während der Weimarer Republik wegen der von den alliierten Siegern des Ersten Weltkrieges im Versailler Vertrag auferlegten Beschränkungen aus wenigen Hundert Offizieren.

Und dann kommt einer wie Hitler und kündigt an, dass er mal ordentlich aufrüsten und viele neue Offiziersstellen schaffen wolle. Das Offizierskorps wurde binnen kurzer Zeit von einigen Hundert auf eine fünfstellige Zahl ausgebaut. Man zeige mir den überzeugten Offizier, der das nicht gut fand. Die Kritik am Versailler Vertrag war ja in allen Parteien und Verbänden weit verbreitet, da standen die Offiziere nun weiß Gott nicht allein. Und dass Stauffenberg Hitlers viel weitergehende Ziele eine Weile nicht durchschaute – da war er nun gewiss nicht der Einzige. Selbst ein großer Liberaler wie Theodor Heuss, der spätere Bundespräsident, den ich enorm schätze, hat das Ermächtigungsgesetz nach dem Reichstagsbrand unterschrieben.

Politische Nähe: Julius Leber, der Sozialdemokrat

Stauffenberg wird eine besondere Nähe zu einem Mann aus den Kreisen des Widerstandes nachgesagt, der auf den ersten Blick überhaupt nicht zu ihm passt: Julius Leber. Er war unehelich geboren, geprägt von einem sehr frankophilen Großvater, aufgewachsen in kleinen Verhältnissen und schon als Schüler 1912 in die SPD eingetreten. Lebers Witwe Annedore sprach nach dem Krieg von einer »tiefen menschlichen und politischen Freundschaft« zwischen den beiden. Das passt jetzt nicht so zu dem elitären Bild, das man sich allgemein von Stauffenberg macht. In der Weimarer Republik wurde Leber nicht nur Chefredakteur des sozialdemokratischen *Lübecker Volksboten* – für den Anfang der Dreißigerjahre auch Willy Brandt schrieb –, sondern war auch von 1924 bis 1933 Mitglied des Reichstages. Hier lernte er die Unzulänglichkeiten des völlig zersplitterten Parteiensystems der Weimarer Republik kennen und auch das politische Versagen der organisierten Arbeiterklasse. Das war eine Erfahrung, die ihn noch später im Widerstand abschreckte. Er glaubte daher, dass es in einem Nach-Hitler-Deutschland nur noch ein Zwei-Parteien-System geben sollte, lehnte aber Parteien per se nicht ab. Hätte Leber vielleicht auch nach dem Krieg Einfluss auf Stauffenberg haben können?

Mein Großvater hatte wohl grundsätzlichere Bedenken gegenüber politischen Parteien als Leber, der ja selbst Parteipolitiker war. Leider ist praktisch nichts über die Gespräche der beiden Männer bekannt, aber ich halte es für durchaus denkbar, dass Leber Stauffenberg auf die demokratische Schiene gesetzt hätte.

Wäre es nicht möglich, dass Stauffenberg ein überzeugter Demokrat geworden wäre, wenn er eine funktionierende Demokratie kennengelernt hätte?

Davon bin ich sogar überzeugt. Wenn er die Erfolgsgeschichte der Bundesrepublik erlebt hätte, wenn er gesehen hätte, wie erfolgreich ihre demokratischen Strukturen waren und sind, wäre er ein überzeugter Demokrat geworden, daran habe ich überhaupt keinen Zweifel. Winston Churchill hat 1946 gesagt: »Demokratie ist die schlechteste aller Regierungsformen – abgesehen von all den anderen Formen, die von Zeit zu Zeit ausprobiert worden sind.« Der Mann hatte vollkommen recht. Es ist doch so, dass Macht stets korrumpiert und wir immer eine Kontrolle der Macht brauchen. Auch ein autoritärer, aber aufgeklärter Herrscher wird immer durch die eigene Macht korrumpiert. Deshalb brauchen wir eine Gewaltenkontrolle und eine Demokratie, in der der Souverän, das Volk, der Regierung alle vier Jahre erlaubt, weiterzumachen oder nicht.

Stauffenberg war der Ansicht, dass eine elitäre Führungsschicht die Geschicke des zukünftigen Deutschlands lenken solle. Das hatte er von Stefan George übernommen. Leber wollte, wie seine Biografin Dorothea Beck schreibt, charismatische Führungspersönlichkeiten im Parlament haben. Davon gab es in den ersten Jahrzehnten der westdeutschen Republik ja auch eine ganze Reihe, aber das waren eben auch Menschen, die das Dritte Reich erlebt und erlitten hatten, die oft im Gefängnis oder im Konzentrationslager gesessen hatten, wie der SPD-Vorsitzende Kurt Schuhmacher. Heute haben wir ganz andere Politikergenerationen, Charisma ist da nur noch äußerst selten zu finden. War Lebers Vision der charismatischen Politiker auf Dauer eben doch nur eine Illusion?

Politiker sind auch »nur« Menschen. Menschen, die Anerkennung suchen und ihren eigenen Vorteil. Deshalb ist es leider oft so, dass einflussreiche und mächtige Politiker solche charismatischen und eben dadurch »gefährlichen« Konkurrenten nicht nach oben kommen lassen. Politiker wie Helmut Kohl, Gerhard Schröder und auch Angela Merkel haben solche ausgebremst. Dadurch ist es eben auch sehr schwer, als Quereinsteiger in der Politik Fuß zu fassen, selbst wenn man richtig gut ist.

An Stauffenberg wird gerade heute wieder kritisiert, er sei kein Demokrat gewesen; wir haben darüber schon gesprochen. Auch vor dem Hintergrund, dass selbst ein Demokrat von unzweifelhaftem Ruf wie Julius Leber davon ausging, dass die Demokratie in Deutschland nach dem Ende der Nazi-Herrschaft nicht ohne Weiteres sofort und über Nacht eingeführt werden kann – wie stichhaltig ist diese Kritik? Kann man überhaupt einschätzen, wie Stauffenberg sich verhalten hätte, wenn er in einer Bundesrepublik gelebt hätte, die sich, wenn auch unter tatkräftiger Lenkung der Westalliierten und trotz aller Mängel, die es zweifellos gab, zu einer funktionierenden Demokratie entwickelte? Er war ja kein durch und durch diskreditierter Politiker des NS-Regimes, sondern hatte versucht, dieses zu beenden.

Mit Sicherheit kann man nicht sagen, wie er sich entwickelt hätte. Ich kann mir aber gut vorstellen, dass er sich von einer Demokratie, die trotz ihrer Schwächen insgesamt so gut funktionierte wie die westdeutsche, hätte überzeugen lassen und selbst ein überzeugter Demokrat geworden wäre. Nur hatte er eben solche positiven Erfahrungen nicht.

Es gibt viele Menschen, die sich im Laufe der Jahre nach dem Krieg glaubhaft zu Demokraten entwickelt haben. Vielleicht haben wir auch noch ein anderes Beispiel aus der jüngeren Geschichte, das wir heranziehen können. Als 1989/90 die DDR zusammenbrach und aufhörte zu existieren, gab es viele Politiker, die nicht in einer Demokratie aufgewachsen waren und aktiv gehandelt hatten. Hat nicht ein Teil von ihnen – jüngere, nicht so stark belastete – durchaus die Entwicklung zur Demokratie unterstützt? Hätte Stauffenberg vielleicht eine ähnliche Entwicklung durchgemacht?

Ich denke, ganz sicher. Es ging ihm um die Gesellschaft seines Landes. Wenn er unsere junge Demokratie erlebt hätte, die funktioniert und auf einem von Christentum geprägten Wertefundament basiert, wie unser Grundgesetz, dann hätte er unsere parlamentarische Demokratie mit seiner strikten Gewaltenteilung mit Sicherheit bejaht.

Beide – Stauffenberg und Leber – verband auch, dass sie dringend handeln wollten und grundsätzliche Debatten über die Zeit nach Hitler nicht als vorrangig ansahen; sie waren eher genervt von solchen Diskussionen, die auch in heftigen Streit ausarten konnten.

Was bringen Debatten, wie etwas zu laufen habe, ohne zu wissen, wie man das Regime beenden kann? Ich kann das nachvollziehen. Allerdings war der Plan für die Zeit nach dem Putsch ja sehr durchdacht.

Schließlich waren beide auch der gleichen Meinung in Bezug auf die Volkserhebung gegen Napoleon. Stauffenberg schätzte seinen Vorfahren Gneisenau, aber er glaubte, dass das deutsche Volk sittlich nicht reif genug sei, um sich

gegen die Nationalsozialisten zu erheben. Leber war auf die Volkserhebung gegen Napoleon in einer Reichstagsrede 1931 ausdrücklich eingegangen, wenn er auch Gneisenau nicht erwähnt hatte. Der adelige Offizier einerseits und der Sozialdemokrat aus kleinen Verhältnisse andererseits bezogen sich auf dieses Ereignis – musste sie das nicht beide bestärken?

Da sieht man, dass es schon zu dieser Zeit schwer war, Menschen in Schubladen zu sperren, wenn diese doch in ihren Zielen zumindest beieinander waren. Seit der Gründung der Weimarer Republik gibt es ja auch ganz offiziell keinen Unterschied mehr zwischen den alten Klassen. Das ist auch gut so bis heute.

Es greift also tatsächlich zu kurz, Stauffenberg schlicht vorzuwerfen, er sei kein Demokrat gewesen? Zumindest war er gegenüber Demokraten sehr offen und billigte ihnen zu, die Macht zu übernehmen.

Spannend ist doch, dass gerade Menschen, die der linksradikalen Szene nahestehen, meinem Großvater das Antidemokratische übel nehmen. Also solche Kritiker, welche die Demokratie selber eigentlich ablehnen. Menschen, die einer kollektivistischen Idee nachhängen und die Freiheit, aber auch die Verantwortung des Einzelnen ablehnen. Aus meiner Sicht sind diese Freiheit, aber auch eben die Verantwortung elementar für eine Demokratie.

Sagt die heutige Kritik an Stauffenberg und die Tendenz, dass sie sogar wieder schärfer und verbreiteter wird, auch etwas über die heutige Politik und die heutige Gesellschaft aus?

Wenn 75 Jahre nach dem Tod meines Großvaters und nachdem wir 70 Jahre lang ein sehr erfolgreiches Grundgesetz haben, in einer gut funktionierenden Demokratie und seit der Wiedervereinigung vor 30 Jahren in einem Gesamtdeutschland unter freiheitlichen Bedingungen leben, in einer Zeit, in der wir seit 75 Jahren keinen Krieg mehr auf deutschem Boden hatten – vor diesem Hintergrund finde ich es in höchstem Maße unanständig und überheblich, wenn wir uns heute hinstellen und behaupten, die Leute, die Hitler beseitigen wollten, seien keine Freiheitskämpfer gewesen, ich finde das sehr überheblich. Es ist nicht fair, Personen, die damals nicht von der Demokratie überzeugt waren, grundsätzlich als schlechte Menschen darzustellen. Denn damit reißt man die Leute aus ihrer Zeit heraus und kritisiert sie mit einer gehörigen Portion mehr Erfahrung. Das ist ein ahistorisches Verhalten und ganz und gar unserer heutigen Gedankenwelt entsprungen. Wenn wir immer so vorgehen würden, dann müssten wir doch sämtliche Geschichtsbücher umschreiben. Dann dürfte man Bismarck nicht auf den Level heben, auf dem wir ihn heute verehren. Sie müssten viele Straßennamen in vielen deutschen Städten umbenennen; in München dürfte es keinen Wittelsbacherplatz, keine Maximilianstraße, keinen Karlsplatz geben und in Berlin keinen Hohenzollerndamm. Das waren ja schließlich alles keine Demokraten. Das wäre aber eine schlimme Verleugnung der deutschen Geschichte – genauso, wie es eine Verleugnung der deutschen Geschichte wäre, Stauffenberg-Straßen neue Namen zu geben, weil er kein lupenreiner Demokrat war.

Dann dürfte es in den neuen Bundesländern auch keine Straßen geben, die nach dem ehemaligen KPD-Vorsitzenden Ernst Thälmann benannt sind, der in seiner Feindschaft gegenüber der Demokratie Hitler in nichts nachstand.

Genau. Und auch keine Rosa-Luxemburg-Plätze. Ich glaube übrigens auch, dass wir Deutschen – wohl aus unserer Geschichte erwachsen – ein ganz großes Problem mit Vorbildern haben. Nehmen wir mal das Beispiel Willy Brandt. Dieser Mann passt nun wirklich überhaupt nicht in mein politisches Konzept. Aber dass er im Kalten Krieg viel zur Verständigung zwischen Ost und West beigetragen hat, zum Beispiel mit seinem Kniefall in Warschau, ist doch wohl unbestritten. Und was passiert heute? Seine politische Leistung wird zerredet und es wird an seiner Person herumgemäkelt – er sei ja schließlich Alkoholiker gewesen und ein Frauenheld. So wird er auf ein Normalmaß heruntergeschraubt. Der Einzige, der – bisher – noch unbeschadet geblieben ist, ist Helmut Schmidt. Helmut Kohl hatte die Spendenaffäre, Angela Merkel wird auch nicht als die große Kanzlerin in die Geschichte eingehen, obwohl sie viel für dieses Land getan hat. Was ich sagen will: Wir Deutsche haben ein großes Problem damit, Menschen, die etwas Vorbildliches getan haben, einfach mal so stehen zu lassen und zuzugeben, dass sie etwas Bewundernswertes geleistet haben. Wir haben immer das große Bedürfnis, die Leute auf ein Normalmaß herunterzuholen, wenn wir sie nicht sogar noch weiter erniedrigen möchten bis zur Verachtung. Das ging ja sogar unserer Nationalmannschaft so, als sie 2014 Weltmeister wurde – viele Leute meckerten trotzdem an ihr herum. Im Moment haben wir in Deutschland einen eher links-grünen Mainstream und da ist eine Person aus der Geschichte, die in dieses Politikraster nicht reinpasst, persona non grata. Und da gehört mein Großvater selbstverständlich dazu.

Andererseits gibt es inzwischen auch einen rechten Mainstream. Von dort kommen sowohl Versuche, Stauffenberg für sich einzunehmen, als auch der Vorwurf, er sei ein Verräter.

Wer Stauffenberg heute als Verräter bezeichnet, dem ist nicht zu helfen. Das ist einfach diskussionsunwürdig, es macht keinen Sinn, sich damit überhaupt auseinanderzusetzen. Anders sieht das mit dem Versuch der AfD aus, Stauffenberg zu vereinnahmen. Grundsätzlich soll jeder, der das möchte, meinen Großvater toll finden. Meine Familie und ich wehren uns aber mit allen uns zur Verfügung stehenden Mitteln gegen diese Versuche der Rechtsextremen. Mein Großvater hätte heute nichts mit diesen Leuten zu tun, da habe ich keinerlei Zweifel. Es ist vor allem im höchsten Maße abartig, heute eine Regierung Merkel mit dem Unrechtsregime Hitlers gleichzusetzen. Es ist abartig, Begriffe wie »Merkel-Regime« oder »Merkel-Diktatur« zu verwenden. Übrigens auch völlig ahistorisch und geschichtsblind. Wenn mein Großvater dann auch noch in diese Versuche einbezogen wird, fängt die ganze Geschichte an, wirklich unappetitlich zu werden. Ich sehe darin schlicht eine Schändung seines Namens durch Leute wie die AfD-Politiker Björn Höcke oder Alexander Gauland. Das gilt nebenbei bemerkt übrigens auch für den Namen Gustav Stresemann.

… den ehemaligen deutschen Außenminister der Weimarer Republik, der zwar eine Revision des Versailler Vertrages wollte und sich auch weigerte, die deutschen Ostgrenzen anzuerkennen, der aber einen ehrlichen Ausgleich vor

allem mit Frankreich suchte und Deutschland als bedeutendes und friedliches Mitglied in die internationale Staatengemeinschaft zurückführen wollte. Dafür erhielt er gemeinsam mit seinem französischen Amtskollegen Aristide Briand den Friedensnobelpreis …

Wie kann man ernsthaft als rechtsextreme, neonazistische Partei versuchen, diese Männer vor den eigenen Karren zu spannen? Wie glaubhaft soll das sein? Wenn Björn Höcke meinen Großvater missbraucht, um sich selbst als Widerständler gegen ein Pseudo-»Regime« wie die demokratisch gewählte Bundesregierung unter Angela Merkel zu präsentieren, um die Demokratie abzuschaffen und dafür eine Nazi-Diktatur zu errichten, ist das für mich einfach im höchsten Maße widerlich. Es ist ein Verbrechen an den Menschen, die rund um den 20. Juli ihr Leben verloren haben, weil sie Deutschland von Hitler befreien wollten. Das gilt nicht nur meinem Großvater gegenüber. Da wünschte ich mir, dass der Aufschrei und die gesellschaftliche Ächtung viel deutlicher zum Tragen kommen, als das heute geschieht.

Mich erinnert das mit umgekehrtem Vorzeichen an das Jahr 1968. Die 68er haben Gedenkveranstaltungen zur Weißen Rose kritisiert. Warum sie das gemacht haben, ist mir nie klar geworden. Warum die damals sehr linken Studenten gegen Studenten demonstriert haben, die mit illegalen Flugblättern gegen Hitler demonstrierten und darüber ihr Leben verloren – das verstehe ich einfach nicht. Das war Ausdruck des damaligen linken Mainstreams. Heute leben wir in einer Zeit, in der sich immer mehr ein rechtsextremer Mainstream durchsetzt. Und zugleich vertieft sich die Spaltung in der Gesellschaft in einem Maße, wie wir sie uns noch vor wenigen Jahren gar nicht vorstellen konnten. Wir befinden uns inzwischen in einer Situation wie zu Anfang der Weimarer Republik. Wir haben sehr viele Menschen, die eigentlich sehr zufrieden sind mit der Art und Weise, wie wir leben, aber den Mund nicht aufmachen. Zugleich sind sie erschüttert über den immer offener auftretenden gewaltbereiten Extremismus von rechts und links. Wir haben eine laute, sehr aktive und gewaltbereite Linke und einen immer hemmungsloser auftretenden gewalttätigen Rechtsextremismus. Aber die eigentlich mit der Demokratie und dem Rechtsstaat zufriedenen Leute bekommen den Hintern nicht hoch, sondern schauen einfach nur fassungslos zu, wie die Demokratie von links und rechts stetig ausgehöhlt wird. Wenn zu Beginn der Weimarer Republik eine große Menge von Menschen, die den Schrecken des Ersten Weltkrieges ja noch in frischer Erinnerung hatten und für die Freiheit in einer Demokratie waren, aufgestanden wären und gesagt hätten, wir lassen uns unsere Freiheit nicht wieder wegnehmen, hätte das Dritte Reich vermieden werden können. Aber bis 1933 stand ja nicht die Frage im Raum, ob die Demokratie erhalten bleiben würde, sondern die Frage, ob Deutschland ein kommunistischer oder ein nationalsozialistischer Staat würde. Das waren die zwei Möglichkeiten – die Frage, ob sich das freiheitliche Grundprinzip mit der Demokratie durchsetzt, spielte eigentlich gar keine Rolle mehr. Schon weil sich die Demokraten selbst gegenseitig aufgefressen haben.

Wenn ich mir die aktuelle Situation anschaue, spätestens seit den Aufmärschen Rechts- und Linksextremer in Chemnitz und Köthen 2018, frage ich mich: Wo war denn die freiheitsliebende demokratische Mitte, als die beiden Gruppen sich gegenüberstanden? Wo sind diejenigen auf die Straße gegangen, die gesagt haben: Wir lassen uns unseren Staat nicht wegnehmen. Das passiert nicht – oder zu wenig.

Klar ist: Stauffenberg wollte nicht eine demokratische Regierung für das Deutschland nach Hitler, wie wir sie uns heute vorstellen. Aber selbst der Sozialdemokrat Julius Leber war der Ansicht, dass das Land nach der Beseitigung Hitlers und der Nationalsozialisten zunächst einmal für einen bestimmten Zeitraum eine Art diktatorischer Regierung bräuchte, bis die Deutschen überhaupt wieder reif seien für die Demokratie.

Es hätte damals doch auch gar keine andere Möglichkeit gegeben, als zunächst solche diktatorischen Strukturen zu installieren, wie es die Siegermächte ja am Anfang auch taten. Man brauchte erst einmal eine Übergangslösung, in der die demokratischen Strukturen aufgebaut werden konnten. Das sah Leber so und mein Großvater gewiss auch. Andere sahen das anders. Wenn ich mir anschaue, wer in die Umsturzpläne alles einbezogen war, so war das keine Sache von irgendwelchen Eliten. Neben Goerdeler und Leber war auf Betreiben Stauffenbergs auch die kommunistische Rote Kapelle mit involviert, ebenso war der Kreisauer Kreis dabei – das ging durch sämtliche gesellschaftliche Schichten und politische Gruppen und Strömungen. So undemokratisch kann mein Großvater eigentlich doch gar nicht gewesen sein.

Könnten Sie sich vorstellen, dass Ihr Großvater selbst in die Politik gegangen wäre, wenn das Attentat erfolgreich verlaufen wäre und er es überlebt hätte?

Nein, das glaube ich nicht. Wahrscheinlich hätte er in einer Übergangsphase einen Posten übernommen, vielleicht im Verteidigungsministerium. Aber ich bin mir sicher, dass er von den Deutschen die Legitimation zu politischem Handeln gar nicht bekommen hätte. Er wäre niemals in ein Amt gewählt worden. Denn er wäre eben in den Augen vieler Deutscher der Volksverräter gewesen. Schließlich haben große Teile der Deutschen im Juli 1944 noch immer an den »Endsieg« geglaubt. Und obwohl ja die Alliierten Deutschland auch nach einem erfolgreichen Attentat vollständig besetzt hätten, das war längst beschlossene Sache, wäre der Volkszorn an meinem Großvater hängen geblieben.

Wäre er in die Politik gegangen, hätte er vielen Deutschen eine neue »Dolchstoßlegende« geliefert – nicht der Feind hätte Deutschland besiegt, sondern ein Dolchstoß aus den eigenen Reihen von hinten in den Rücken.

So hätten das viele gesehen. Deshalb wollte ja auch Julius Leber, der Sozialdemokrat, nicht Reichskanzler werden, weil er ebenso diese Dolchstoßlegende fürchtete. Er wollte den Rechten kein Futter geben.

»Stauffenberg war nicht gewissenlos«

Thomas Karlauf spricht Stauffenberg die moralische Motivation für seine Tat ab. In einem Interview zum Erscheinen seines Buches sagte er, wir hätten uns heute daran gewöhnt, das Attentat als Aufstand des Gewissens zu sehen. In den Reihen der Opposition gegen Hitler habe es tatsächlich auch viele gegeben, die aus Gewissensgründen gehandelt hätten und das mit ihrem Leben bezahlten. Und weiter: Aber Stauffenberg handelte nicht aus Gewissensgründen, sondern aus politischen und militärischen Überlegungen. Das war in der Situation des Sommers 1944 zufällig auch das moralisch Richtige. Stauffenberg tat das

moralisch Richtige, aber eben nicht aus moralischen Erwägungen, sondern als Offizier des Generalstabs des Heeres. Wer diese Unterscheidung vernachlässigt, macht es sich zu leicht. Das ist das Missverständnis, von dem ich rede.

Ich frage mich, was verwerflich daran sein soll, wenn ich als deutscher Offizier versuche, Deutschland vor dem Untergang zu retten. Was soll daran gewissenlos sein? Das zum einen, zum anderen aber: Was soll denn bitte eine politische Überzeugung sein, in der das Gewissen fehlt? Politische Überlegungen brauchen doch auch ein erhebliches Maß an Gewissen. Es sind Überlegungen, welche die gesamte Gesellschaft betreffen, da muss das Gewissen ein Rolle spielen. Ohne Gewissen wäre es keine politische, sondern eine egozentrische Tat.

Man muss sich auch mal vor Augen führen, was es eigentlich bedeutet: Deutschland vor dem Untergang retten. Immerhin kamen im letzten Jahr des Krieges mehr Menschen um als in den viereinhalb Jahren vorher. Wäre Stauffenberg erfolgreich gewesen, hätte er auch diese große Zahl von Opfern gerettet.

Und es ist zudem faktisch einfach nicht wahr, wie es Kritiker Stauffenbergs behaupten, dass er erst gehandelt habe, als der Krieg verloren war. Ich glaube, ich habe hinreichend deutlich gemacht, dass ich und meine Familie Stauffenberg nicht auf ein Heldenpodest stellen. Aber eins war er ganz sicher nicht: gewissenlos. Ich bin der festen Überzeugung, dass auch die Verbrechen gegen die Zivilbevölkerung im Osten und in den Konzentrationslagern ihn dazu gebracht haben, Widerstand gegen Hitler zu leisten.

Bei Karlauf ist ja der eigentliche Attentäter letztlich Stefan George …

Das ist wirklich eine sehr kühne These. Wenn man sich das Netzwerk der Verschwörer anschaut – ich empfehle hierzu das sehr gute Buch »Nur eine ›ganz kleine Clique‹?« von Linda von Keyserlingk-Rehbein[2] –, war das eine vierstellige Zahl und die wenigsten haben irgendetwas mit George zu tun gehabt. Jemand wie Thomas Karlauf leistet den Nazis Vorschub, die ja behauptet haben, bei den Verschwörern habe es sich um eine ganz kleine Clique von Offizieren gehandelt. Das war natürlich nicht so. In diesem Zusammenhang muss man auch wieder darauf hinweisen, dass der 20. Juli nicht ausschließlich auf meinen Großvater fokussiert werden darf, wie das heute leider sehr häufig geschieht. Bestenfalls richtet sich das Augenmerk auf die fünf Widerstandskämpfer, die im Bendlerblock in der Nacht auf den 21. Juli ermordet wurden. Die Massenhinrichtungen von über 150 Menschen in der Haftanstalt Plötzensee spielen in der öffentlichen Wahrnehmung eine sehr untergeordnete Rolle. Damit tun wir posthum den Nazis einen sehr großen Gefallen, wenn es um die geschichtliche Bewertung des 20. Juli und seiner Hintergründe geht. Wir fangen erst jetzt langsam an, das ganze Bild zu entwickeln – zum Beispiel die Ehefrauen der Verschwörer einzubeziehen. Der 20. Juli war eine sehr breite, durch alle gesellschaftlichen Schichten gehende Bewegung – ein Befund, der auch der breiten Meinung, Stauffenberg sei ein Antidemokrat gewesen, widerspricht. Der Sturz Hitlers war ein Ziel von ganz verschiedenen gesellschaftlichen und

2 Linda von Keyserlingk-Rehbein: Nur eine »ganz kleine Clique«? Die NS-Ermittlungen über das Netzwerk vom 20. Juli 1944 (Schriften der Gedenkstätte Deutscher Widerstand), Berlin 2018

politischen Gruppen – besser kann man Demokratie doch eigentlich gar nicht beschreiben.

Es gibt die wachsende Kritik an Stauffenberg, aber auf der anderen Seite drohen die Ereignisse des 20. Juli auch in Vergessenheit zu geraten. Die Politik hält das Datum alljährlich hoch, aber hat es in der Bevölkerung noch eine so wichtige Bedeutung wie früher? Geht das Wissen darum allmählich in den breiten Kreisen der Gesellschaft verloren?

Ja, aber ich glaube, das ist – leider – ein ganz normaler Vorgang. Es geht ja auch nicht nur das Vermächtnis des Widerstandes verloren, das ist schon schlimm genug. Es geht auch das Unrechtsempfinden gegenüber den Nationalsozialisten, auch gegenüber totalitären sozialistischen Regierungen in Vergangenheit und Gegenwart verloren. Das historische Gedächtnis der Deutschen ist verdammt kurz. Das alles ist noch keine 100 Jahre her und die Unterdrückung eines Teils der Deutschen durch die DDR ist gerade einmal vor drei Jahrzehnten zu Ende gegangen. Dass es heute wieder möglich ist, ohne gesellschaftlich geächtet zu werden, krude rechts- oder linksradikale Thesen à la Björn Höcke oder Kevin Kühnert mit seinen totalitären Enteignungs- und Verstaatlichungsfantasien zu äußern, ist bedrückend. Dass die Menschen, die überzeugt sind von unserer Demokratie, die überzeugt sind von ihrer 70-jährigen Erfolgsgeschichte, wie wir sie noch nie in Deutschland hatten, nicht aufstehen und sich dagegen wehren, dass das alles von Extremen von rechts und links kaputtgeredet wird, finde ich äußerst bedauerlich, im schlimmsten Maße bedenklich. Wann hatten wir in Deutschland eigentlich schon einmal 70 Jahre Frieden? So etwas machen sich heute viel zu wenige Leute bewusst – und nicht nur diejenigen, die zu radikalen Thesen neigen oder zumindest solche Parteien wählen, sondern auch viele derjenigen, die viel zu wenig Engagement gegenüber dieser Entwicklung zeigen. Meine Forderungen sind klar: Aufstehen gegen die Extremen von rechts und links. Die Entwicklung der Weimarer Republik hat deutlich gezeigt, was passiert, wenn Demokraten sich nicht wehren – bis es zu spät ist.

TEIL 2
Gegenwart, Zukunft und Verantwortung

Der Weg in die Politik

Welche Rolle haben Ihre Vorfahren – Stauffenberg, Ihr Vater und Ihr Großvater mütterlicherseits Karl Theodor zu Guttenberg – für Ihre Entscheidung, doch in die Politik zu gehen, gespielt?

Sie haben ganz bestimmt eine gewisse Rolle gespielt, aber ich habe nicht wegen dieser Vorfahren den Weg in die Politik genommen. Die wahrscheinlich größte Rolle hat mein Großvater Claus Stauffenberg gespielt, schon weil ich von außen ja immer wieder in die Rolle des Enkels gedrängt werde. Von einem Stauffenberg wird einfach erwartet, dass er eine politische Haltung und etwas zu sagen hat. Dem kann man widerstehen oder man tut das eben nicht. Ich habe viele Jahre versucht, zu widerstehen, habe aber dann doch erkannt, dass dieser Widerstand gar nicht meinem Naturell entspricht. Ich merke immer stärker, dass es für mich ein essenzielles Anliegen ist, mich politisch zu äußern.

Dieser Aspekt, einen Großvater zu haben, der sein Leben für seine Überzeugung geopfert hat, ist wichtig. Ich bin froh, in einem Land zu leben, in dem wir so etwas heute nicht mehr müssen. Aber mit seiner Entscheidung zum Handeln ist er mir ein Vorbild. Er hat damals nicht nur geredet, sondern er hat sich entschlossen, gezielt etwas zu tun. Ich kann heute in unserer Demokratie politisch argumentieren und versuchen, Mehrheiten zu erringen, um meine Ziele durchzusetzen. Das konnte er nicht. Es war sein Ziel, einen solchen Zustand in Deutschland wiederherzustellen. Auch wenn das Attentat gescheitert ist, so zeigt es doch, dass man immer etwas tun kann, selbst in einer solchen Situation und in einem solchen Umfeld wie dem, in dem er damals lebte. Wie viel einfacher haben wir es doch heute! Wir leben in einer zumeist funktionierenden Demokratie, die allerdings unter Beschuss geraten ist. Diese Angriffe abzuwehren muss ein wichtiges Ziel sein – wenn ich das nicht als Erbe meines Großvaters angenommen hätte, hätte ich versagt und würde es weiter tun.

Sicher hat auch eine große Rolle gespielt, dass ich in einem sehr politischen Haus aufgewachsen bin, mit einem Vater als Politiker. Bei uns war die Politik im Familienleben immer wichtig. Auch der Vater meiner Mutter, Karl-Theodor Freiherr zu Guttenberg, der ja bei der Bildung der ersten Großen Koalition 1966 eine sehr wichtige Rolle gespielt hat, hatte sicher Einfluss auf meine Entscheidung, auch wenn er schon 1972 starb und ich ihn persönlich nicht kennengelernt habe. Also ganz klar hat Politik in meiner Familie immer eine große Rolle gespielt. Auch wenn ich mich vor allem als Jugendlicher nicht besonders dafür interessierte, war sie immer da, nie weit weg. So war der Schritt in die Politik für mich kein weiter Weg.

Sie kommen aus einer echten CSU-Familie. Ihr Vater und Ihr Großvater waren an wichtigen Positionen für die CSU aktiv. Wie kommt es, dass Sie selbst bei den Liberalen landeten?

Erstens ist festzustellen, dass die CSU zu Zeiten meines Großvaters und meines Vaters sicher eine andere war, als sie es heute ist. Eine Partei ist immer sehr geprägt von den Leuten, die gerade an der Macht sind. Das war zu meines Vaters aktiven Zeiten unter anderem Franz Josef Strauß. Er war übrigens nie ein großer Anhänger dieses Mannes, aber Strauß war eine entscheidende Figur der CSU. Die Politik, welche die Strauß-CSU gemacht hat, die Werte, die sie vertrat, waren andere als die der Seehofer- oder Söder-CSU. Zum Beispiel auch, was das Thema Fremdenfeindlichkeit betrifft, das für mich ein entscheidender Punkt bei der Entscheidung war, in die Politik zu gehen. Ich habe mich lange der CSU mehr oder weniger nahe gefühlt. Aber spätestens seitdem Horst Seehofer in der Partei das Sagen hatte, war das für mich kein Thema mehr. Mit der heutigen CSU verbindet mich nichts.

Zweitens habe ich bestimmte Vorstellungen, wie die Gesellschaft aussehen soll, in der ich leben möchte. Mir schwebt ein sehr liberales Gesellschaftsmodell vor, in dem es kein Kollektiv-Bewusstsein gibt, sondern ein individuelles. Ich bin der tiefen Überzeugung, dass eine gute Gesellschaft nur dann funktioniert, wenn man das Wesen des Menschen als Individuum stark mitberücksichtigt. Menschen sind nun einmal Individualisten. Wenn ich eine kollektive Idee habe, die ich der Menschheit überzustülpen versuche, mag das eine Zeit lang funktionieren – aber sicher nicht auf Dauer. Deshalb überzeugt mich das Gesellschaftsmodell des Liberalismus, das auf dem Individualismus des einzelnen Menschen beruht, viel mehr.

Gab es einen Wandlungsprozess von der CSU zur FDP? Kann man ihn an irgendetwas festmachen?

Mitte der Neunzigerjahre, als ich also etwa Mitte 20 war, fing ich an, mich allmählich stärker für Politik zu interessieren. 1998, einen Tag nachdem die Koalition aus Union und FDP unter Helmut Kohl abgewählt worden war und durch die erste rot-grüne Bundesregierung unter Gerhard Schröder und mit Joschka Fischer von den Grünen als Vizekanzler und Außenminister ersetzt wurde, trat ich in die FDP ein. Die Entscheidung für diese Partei stand für mich damals völlig außer Zweifel, eine andere Partei wäre überhaupt nicht denkbar gewesen. Zugegeben, es gibt einiges, das mir an der CDU, manchmal auch an der CSU, ganz gut gefällt, und sicher auch das eine oder andere, das mir an der FDP nicht gefällt – die eine Partei, von der ich absolut zu 100 Prozent überzeugt bin, die gibt es nicht und wird es auch niemals geben. Zum Glück, denn dann wäre ich ein Mitläufer und hätte überhaupt keine eigenen Ideen, die ich in meiner Partei durchzusetzen versuchen würde. Wenn ich feststelle, dass ich mich zu, sagen wir einmal, 70 Prozent mit einer Partei einverstanden erklären kann, dann ist das ein sehr gutes Ergebnis. Mir ist also tatsächlich das Gesellschaftsbild des Liberalismus sehr viel näher als das des Konservatismus.

Hat die Entscheidung vielleicht auch etwas mit Ihrem konservativen Vater zu tun gehabt?

Überhaupt nicht. Bevor ich Mitglied der FDP wurde, habe ich meinem Vater von meinem Plan erzählt. Wir unterhielten uns lange darüber und er erzählte mir, dass er selbst auch ursprünglich mit sich gerungen habe, ob er in die CSU oder doch vielleicht lieber in die FDP eintreten solle. Vor allem die Wirtschaftspolitik der FDP entsprach seinen Auffassungen viel mehr als die der CSU. Dass er trotzdem zur CSU ging, liegt eben daran, dass es in der FDP damals eine Art No-Go war, ein gläubiger Mensch zu sein. Viele Parteimitglieder machten sich über so etwas lustig, sie fanden das lächerlich. In diesem Punkt waren die Liberalen nicht sehr liberal – und das stieß meinen Vater ab. Er fand es aber völlig in Ordnung, dass ich mich für die FDP entschieden habe. Aber um auf Ihre Frage zurückzukommen: Mein Eintritt in die FDP entsprang nicht irgendeinem Bedürfnis, anders zu sein als mein Vater, da steckte kein Revoluzzertum dahinter. Das war schlicht nicht nötig.

Sie haben doch sicher beobachtet, wie Ihr Vater sich in der Politik verhielt, wie er auftrat. Haben Sie sich etwas bei ihm abgeschaut – oder auch etwas gefunden, das Sie auf jeden Fall anders machen wollten als er?

Mein Vater ist, ich sagte das schon, ein sehr rationaler Mensch. Ich bin emotionaler und daher weiß ich nicht, ob ich in bestimmten Situationen so reagieren könnte wie er. Aber etwas versuche ich, mir von ihm abzuschauen – nämlich keine unüberlegten Schritte zu tun. Ich denke, dass ist in der Politik ein sehr wichtiger Punkt. Dagegen versuche ich, anders als er, möglichst wenig mit mir selbst auszumachen, andere Menschen in Entscheidungen miteinzubeziehen. Ich bin in den meisten Fällen ein Teamspieler und ich brauche auch den Austausch mit anderen, um meine Positionen, die ich entwickelt habe, zu überprüfen. Ich hole mir gerne Ratschläge oder Bewertungen von außen.

Haben Sie als Kind oder Jugendlicher bekannte Politiker durch Ihren Vater kennengelernt?

Ich soll als Kind mal auf dem Schoß von Franz Josef Strauß gesessen haben und Edmund Stoiber hat als Kreisvorsitzender der Jungen Union von Wolfratshausen den Wahlkampf meines Vaters unterstützt. 1984 haben Helmut Kohl und Richard von Weizsäcker auf meinem Gips unterschrieben. Es gab auch andere Politiker, die erst später bekannt wurden, die häufiger bei uns waren, aber wirklich erinnern kann ich mich nicht daran.

Sie sind mit 28 Jahren in die FDP eingetreten. Aber dann passierte erst einmal nichts weiter, oder?

Ja, engagiert habe ich mich nicht. Zehn Jahr später bin ich wieder ausgetreten.

Warum?

Das lag an Guido Westerwelle, dem inzwischen verstorbenen ehemaligen Vorsitzenden. Ich hielt ihn eigentlich für einen sehr fähigen und guten Politiker und wahrscheinlich war er das auch. Er war ein überragender Oppositionsführer und ein hervorragender Generalsekretär der FDP. Aber er hat aus meiner Sicht einen sehr großen Fehler gemacht, der die Liberalen in eine schwere Krise geführt hat: Er hat einen großen Wahlerfolg der FDP viel zu billig verkauft, um Außenminister zu werden. Das hätte nicht sein müssen. Er hätte den Koalitionsvertrag mit sehr viel mehr liberalen Inhalten füllen müssen. Die sagenhaften 14 Prozent, welche die FDP damals bei der Bundestagswahl erreichte, spiegelten sich absolut nicht im Koalitionsvertrag wider. Vier Jahre später flog die Partei aus dem Bundestag, das war geradezu folgerichtig.

Welche Vorbilder haben Sie in der Politik?

Da ist zuallererst mein Vater. Das sage ich jetzt nicht, weil er mein Vater ist, sondern weil es den Tatsachen entspricht. Er ist für mich der Prototyp eines guten Politikers. So wie er, finde ich, sollte ein Politiker sein. Ihn kann man sich guten Gewissens zum Vorbild nehmen. Er war immer seinen Wählern und seinem Gewissen verpflichtet und nicht irgendeiner Seilschaft, der er angehörte. Damit hat er sich viele Karrierechancen, zum Beispiel den Weg in ein Ministeramt, verbaut, aber er hat niemals versucht, diesen Weg zu gehen. Er hat sich eben nicht in die Seilschaft eines Franz Josef Strauß, eines Theo Waigel oder von wem auch immer begeben, sondern hat immer authentisch für seine Positionen gestritten. Das empfinde ich als vorbildlich, ganz gleich in welcher Partei so ein Politiker ist. Daneben schätze ich sehr Theodor Heuss.

Theodor Heuss – ein nationalliberaler Journalist und Politiker, der bereits im Kaiserreich politisch wirkte und von 1949 bis 1959 der erste Bundespräsident der Bundesrepublik Deutschland wurde. Er genießt bis heute hohes Ansehen. Was schätzen Sie an ihm so?

Das kann ich eigentlich gar nicht an einer bestimmten Sache festmachen, sondern eher an seiner Gesamterscheinung. Er war für mich ein aufrechter Liberaler mit einem gehörigen Drang zum Pragmatismus. Theodor Heuss war der erste Politiker nach dem Zweiten Weltkrieg, der 1954 den Widerstand gegen Hitler aus der Verbannung geholt und positiv darüber geredet hat. Er hatte eine sehr anpackende und zugleich wortgewandte Art, Themen aufzugreifen. Das finde ich sehr bewundernswert.

Heuss hat früh vor Hitler gewarnt, aber 1933 dem Ermächtigungsgesetz zugestimmt, mit dem die Grundrechte der Deutschen ausgesetzt wurden.

Richtig, aber da war er ja nicht der Einzige. Es gab viele Politiker der katholischen Zentrumspartei, die mitgemacht haben, viele Nationalliberale wie Heuss. Was ihn dazu bewogen hat, weiß ich nicht. Man muss den Menschen aber auch zugestehen, dass sie Fehler machen. Wichtig ist, dass sie daraus lernen. Heuss war bald klar, dass seine Zustimmung zum Ermächtigungsgesetz ein Fehler war. Ihm war aber Anfang 1933 wie vielen anderen Menschen in Deutschland nicht klar, was sich bald hierzulande entwickeln würde. Es war doch damals die gängige Vorstellung, man soll den Hitler mal machen lassen – der werde seine Politik genauso an die Wand fahren wie alle anderen vorher auch. Viele meinten, man solle ihn mal machen lassen, damit überhaupt mal wieder eine stringente Politik möglich ist nach all dem politischen Chaos und Wirrwarr der vergangenen Jahre. Also ermächtigten sie ihn. Sie haben ja nicht damit gerechnet, dass sie völlig ausgebootet würden, sonst hätten sie gewiss nicht zugestimmt. Ich tue mich schwer, alle Menschen, seien es nun Politiker oder andere, die vielleicht im besten Sinne etwas falsch gemacht haben, im Nachhinein pauschal zu verurteilen.

Es gab allerdings auch Leute, die Hitler durchschauten und vor ihm warnten.

Natürlich. Es gab auch Demokraten, die warnten und ihn von Anfang an durchschauten. Man muss sich aber auch immer ansehen, wer Hitlers Gegner waren. Die lautesten Gegner waren Kommunisten, die eigentlich genau das Gleiche wollten wie die Nationalsozialisten, nur mit umgekehrten politischen Vorzeichen. Die wollten auch einen totalitären Staat aufbauen, nur eben mit kommunistischen Vorzeichen. Auch der Antisemitismus war im real existierenden Kommunismus sehr weit verbreitet. Nur die Grundlage war eine andere: Es ging nicht um eine rassistische Sichtweise, sondern die Juden galten als der Inbegriff der Kapitalisten.

In der DDR wurden, anders als in der Bundesrepublik, Juden nach dem Dritten Reich und dem Holocaust grundsätzlich nicht entschädigt, weil sie als Kapitalisten gesehen wurden, nicht als Opfer einer perversen Ideologie. Wer Jude war, war Kapitalist.

Alles, was links ist, hat ja heutzutage immer den Ruf weg, dass es irgendwie auch gut war oder ist, selbst wenn Verbrechen in seinem Namen begangen wurden. Wenn ich die Ideologien von Nationalsozialismus und Kommunismus vergleiche, sind beide nicht weit auseinander. Mit dem Unterschied, dass der Nationalsozialismus seine Ideologie in nationalen Grenzen durchsetzen wollte, der Kommunismus international. Der Versuch, den Nationalsozialismus mit dem Kommunismus auszutreiben, die Rechtsextremen mit den Linksextremen zu bekämpfen, ist gefährlich und kann im Sinne einer Demokratie nicht funktionieren.

Um nochmals auf Heuss zurückzukommen: Warum kam er denn überhaupt in die Lage, diesem Gesetz zuzustimmen oder es ablehnen zu müssen? Der Grund war doch, dass die Extremen auf der rechten und der linken Seite – also Nationalsozialisten und Kommunisten – sehr erfolgreich die Republik und die Demokratie bekämpften und die demokratische Mitte, zu der auch Heuss gehörte, tatenlos zugesehen hat. Und da sehe ich eine Parallele zu unserer heutigen Zeit, denn ich glaube, heute ist die Mitte, also die Menschen, die eigentlich mit der Demokratie zufrieden sind und nichts anderes wollen, wieder einmal zu passiv. Sie gehen nicht beherzt genug gegen die Feinde der Demokratie von rechts und links vor.

Weitere Vorbilder in der Politik?

Ebenso schätze ich Hildegard Hamm-Brücher sehr, obwohl sie manchmal doch zu sehr sozialliberal war und eine Spur zu wenig frei. Aber sie war eine Frau, die für ihre Überzeugungen eingestanden ist, mit allen Konsequenzen. Das gilt übrigens auch für Sabine Leutheusser-Schnarrenberger, obgleich ich manchmal mit ihren politischen Überzeugungen nicht einverstanden war.

Sie trat 1996 als Bundesjustizministerin zurück, weil sie den Beschluss der Regierung aus Union und FDP unter Helmut Kohl zum Großen Lauschangriff nicht gegen ihre Überzeugungen mittragen wollte. Mit dem Großen Lauschangriff wurde die Möglichkeit der akustischen Wohnraumüberwachung zwecks Bekämpfung der Kriminalität geschaffen.

Sie hat für ihre Überzeugungen auf ihren Ministerposten verzichtet. Das nenne ich mal konsequent, das zeigt Größe. Die Tatsache, dass sie dann später nochmals Justizministerin wurde, zeigt, dass auch Konsequenz und Stehen zu seinen persönlichen Überzeugungen in der Politik honoriert werden, manchmal jedenfalls. Und wenn ich jetzt über den Tellerrand schaue, fallen mir da natürlich schnell Nelson Mandela und John F. Kennedy ein. Das sind Leute, die mich beeindrucken. Vielleicht auch Ludwig Erhardt, ein Liberaler mit falschem Parteibuch. Und sicher kann man sich auch von Helmut Schmidt etwas abschauen.

Ich bin aber eigentlich kein Mensch, der sehr stark in Vorbildern denkt. Ich habe aber im persönlichen Bereich, nicht im politischen, ein wirklich großes Vorbild: den Musiker Johnny Cash. Er war ein traumatisierter Mann, der seine Depressionen besiegt hat und einigermaßen glücklich lebte und gestorben ist. Und nebenbei tolle Musik gemacht hat.

Freiheit – das höchste Gut des Menschen

Also ein Mensch, der sein Schicksal selbst in die Hand genommen hat. Ist das Ausdruck des liberalen Menschenbildes, sein Schicksal möglichst selbst zu bestimmen, sich selbst zu helfen und auf die Hilfe anderer erst zurückzugreifen, wenn man selbst nicht mehr weiterkann? Oder etwas globaler gefragt: Wie sieht Ihr liberales Menschenbild aus?

Ich weiß gar nicht, ob ich in diesem globalen Sinn ein liberales Menschenbild habe. Ich versuche mir vorzustellen, wie für mich eine runde, eine einigermaßen gesunde und funktionierende Gesellschaft aussieht. Ich glaube, es ist ganz gut, bei einer solchen Frage von sich selbst auszugehen – und sich nicht als vollkommenen Menschen zu betrachten. Wenn ich das tue, stelle ich fest, dass ich ein Individualist bin, der seine Welt mit seinen eigenen Augen sieht und gar nicht umhinkommt, ein Weltbild zu haben, in dem man selbst der Mittelpunkt ist. Ich bin aber trotz meiner Individualität und meiner Egozentrik auf die Gesellschaft angewiesen. Ich glaube, das macht den Menschen gegenüber allen anderen Lebewesen einzigartig. Der Mensch ist kein Herdentier, das einem Leithammel hinterherläuft. Und wenn er es doch tut, geht es daneben. Aber er braucht andererseits auch eine Gemeinschaft, auf die er zurückgreifen kann.

Ich denke also, wir müssen einerseits dem Menschen seine Individualität lassen, andererseits dieser Individualität Grenzen setzen, damit sie sich nicht gegen andere richtet oder anderen einen Nachteil bringt. Die Individualität der anderen Menschen darf nicht gestört werden. Das bedeutet aber zwangsläufig, dass jeder, der seine eigene Individualität für sich beansprucht, die Verantwortung für seine Entscheidungen auch selbst tragen muss.

Gibt es aber nicht auch viele Menschen, welche die Forderung, für sich selbst Verantwortung zu tragen, schlicht überfordert?

Es ist klar, dass das der eine mehr kann und der andere weniger. Deshalb leben wir ja in einer sozialen Gemeinschaft, in der – im besten Falle – der Stärkere dem Schwächeren hilft, seine Schwächen auszugleichen. Das nennt man gemeinhin Solidargemeinschaft. Was mich aber abstößt, ist die Idee, dass ich einen Staat habe, der mir meine »Freiheit« lässt, mir aber die Verantwortung vollkommen abnimmt. Dadurch schaffen wir eine Gesellschaft von unfreien Menschen. Je mehr wir unsere Verantwortung für uns selbst abgenommen bekommen beziehungsweise abnehmen lassen, umso unfreier werden wir auf Dauer. Aus meiner Sicht ist die Freiheit des Einzelnen das höchste Gut, das wir haben. Nur dann können wir uns entwickeln. Jeder Mensch hat ja seine eigenen Stärken. Es gibt die Supergehirne, die Handwerker – jeder hat seine eigenen Stärken. Eine gute Gesellschaft würde an dieser Stelle keine Unterschiede in der Wertigkeit machen nach dem Motto, dass der Intelligente etwas Besseres darstellt als der handwerklich begabte Mann oder die handwerklich begabte Frau. Das liegt übrigens auch im Interesse der Volkswirtschaft, die doch genau auf diese Unterschiede ausgelegt ist. Wir bewegen uns allerdings leider immer weiter weg von diesem Grundsatz. Heute wird der richtige Grundsatz, dass jedes Kind die gleichen Bildungschancen braucht, in dem Sinne falsch verstanden, dass es auch auf Teufel komm raus Abitur machen muss. Und um dieses Ziel zu erreichen, macht man das Abitur dann so leicht, dass es wirklich jeder schafft. Und was ist der Erfolg? Wir haben unglaublich viele Studienanfänger – und sehr viele Studienabbrecher, die einfach nach einiger Zeit merken, dass das Studium nichts für sie ist. Und andererseits haben wir viel zu wenige Handwerker, was jeder weiß, der mal einen gesucht hat.

Viele Menschen empfinden Freiheit geradezu als Zumutung. Sie wollen den Staat, der ihnen sagt, was sie tun sollen und was sie dafür bekommen.

Das ist zutiefst menschlich, erst einmal einem Weg zu folgen, den ich kenne – nämlich den der Bevormundung. In der DDR gab es das seit ihrer Gründung 1949 durchgängig. Aus dieser Denkweise folgt, dass alles, was neu ist, erst einmal grundsätzlich auch gefährlich sein könnte. Ich glaube dagegen, dass Menschen, die sich frei entfalten können, auf lange Sicht glücklicher sind als Menschen, die ständig bevormundet werden und denen jede Entscheidung abgenommen wird. Das ist eine Gängelung, die dem Wesen des Menschen eigentlich widerspricht. In unserer Gesellschaft, beziehungsweise im linken Spektrum und bei den linken Parteien, zu denen ich ausdrücklich die Grünen zähle, gibt es dieses Streben zur Gängelung und zur Gleichschaltung. Das macht aus den Menschen letzten Endes Lemminge. Es gibt Parteien,

Verbände und Organisationen, die davon leben, den Menschen einzutrichtern, sie könnten bestimmte Dinge nicht allein. Übrigens finde ich es im höchsten Maße arrogant, wenn Parteien vom »kleinen Mann« reden oder davon, dass sie die Anwälte des »kleinen Mannes« seien. Wer ist denn dieser »kleine Mann«? Ich würde mir niemals zugestehen, mich über andere hinwegzusetzen und zu sagen, mein Gesellschaftsmodell oder meine Idee von Politik ist so gut, dass ich die Stimme von den ganz Doofen bin. Denn nichts anderes heißt ja das Gerede vom »kleinen Mann«. Damit setzt man, wie es die linken Parteien und Teile der AfD tun, eine ganze Bevölkerungsgruppe herab. Da kämpfe ich lieber dafür, dass jeder irgendwann lernt, auch dann, wenn er es erst mal nicht will, seine eigenen Fähigkeiten und Fertigkeiten zu erkennen.

Das ist selbst in dem Fall besser, dass jemand einer Idee nachhängt, die sich irgendwann vielleicht als falsch erweist. Wir haben inzwischen eine wenig erfreuliche Stimmung in unserem Land: Wenn ein mutiger Unternehmer eine Idee hat, mit der er sich selbstständig machen möchte, und später merkt, dass die Sache nicht funktioniert, wird er anschließend für sein restliches Leben bestraft und kann nicht mehr selbstständig werden, weil Banken ihn gar nicht mehr unterstützen dürfen – auch wenn er eine Jahrhundertidee hätte. Das ist sehr schade, denn wir sind doch mit unserer Technologie so weit gekommen, weil wir immer mutige Menschen hatten, die ihre eigenen Ideen forciert haben, die ihre Freiheit dazu benutzt haben, die Welt weiterzubringen. Leute wie Thomas Alva Edison oder Elon Musk sind ja Leute, die nicht deswegen mit ihren Ideen Erfolg hatten, weil sie von der Gesellschaft her dorthin gezwungen wurden, sondern gerade anders herum, weil sie ihre eigenen Ideen im Gegensatz zur herrschenden Meinung durchsetzten. Als zum

Beispiel die erste motorisierte Kutsche von Carl Benz durch die Gegend gefahren ist, war doch die einhellige Meinung in der Gesellschaft, diese Erfindung hat keine Zukunft. Solche Dinge funktionieren nur dann, wenn die Leute frei genug sind, ihre Ideen auch umzusetzen. Oder der Siegeszug des Internets und überhaupt der gesamten Digitalisierung. Am Anfang waren doch nur einige wenige der Überzeugung, dass sich das durchsetzen werde. Heute wissen wir, dass die Digitalisierung unsere gesamte Gesellschaftsordnung revolutionieren wird, ähnlich wie der Buchdruck.

Das ist ein klassisch liberales Menschenbild, das Sie hier entwickeln. Das Problem aber ist doch, dass der kleine Mann – ich benutze diesen Begriff jetzt auch – solche Fähigkeiten nicht besitzt. Der denkt sich vielleicht, wenn er das liest: Wovon redet dieser Mensch eigentlich?

Aber vielleicht gibt es unter diesen Menschen, denen seit Jahrzehnten von Linken wie auch von Rechten eingeredet wird, dass der kleine Mann es sowieso zu nichts bringt, den einen oder anderen, der auch zu solchen Erfindungen fähig wäre. Man muss ihn an die Hand nehmen und ihm die Möglichkeiten geben, sich zu entfalten. Das geschieht aber nicht durch dauernde Bevormundung. Man muss ihn in seiner Individualität unterstützen, nicht darin, zu denken, er sei der »kleine Mann«, der auf die Hilfe des Staates angewiesen ist. Natürlich gibt es Menschen, die mehr Fähigkeiten haben als andere. Aber wenn ich diese Individualität von vornherein einschränke, dann hat doch niemand die Möglichkeit, seine Potenziale zu entwickeln.

Hinzu kommt: Ich rede ja nicht von einem Gesellschaftsmodell, in dem wir nur den Hochbegabten den Weg bereiten. Sondern wir leben nach wie vor in einer Solidargemeinschaft und das ist auch gut so. In ihr wird dem Schwachen auf die Füße geholfen, wenn er mal eine Phase der Schwäche hat. Ich weiß, was es bedeutet, eine solche Phase zu haben, ich habe sie selbst durchlebt und war eine Weile angewiesen auf die Hilfe der Solidargemeinschaft. Aber wenn ich einem schwachen Menschen, der krank war oder der aus welchen Gründen auch immer eine Schwäche hatte, das Gefühl gebe, er komme nie wieder heraus aus dieser Schwäche – auch weil er von außen keinen Ansporn bekommt –, dann wird er immer schwach bleiben. Das ist in höchstem Maße schade.

Für eine solche Gesellschaft bräuchte man aber in Teilen der Bevölkerung einen Bewusstseinswandel, oder?

Ja.

Wie bekommt man den hin?

Indem wir anfangen, eine Politik zu entwickeln, aus der die Wahrheit spricht. Mir kommt die Politik der vergangenen 70 Jahre seit der Gründung der Bundesrepublik, und da nehme ich die FDP überhaupt nicht aus, so vor, als sei sie beständig in genau die falsche Richtung gelaufen. Ich weiß, dass es sehr schwer ist, diesen Wechsel hinzubekommen. Das liegt nicht nur daran, dass es schwer ist, die Mentalität der Menschen zu ändern, sondern auch an der Struktur unserer Demokratie. Wir haben alle vier Jahre Wahlen – mit der Folge, dass die Parteien stets auf die nächste Wahl schauen. Entscheidend wäre es aber, viel weiter in die Zukunft zu schauen, viel längerfristiger zu arbeiten statt in diesen kurzen Intervallen. Die kurze Dauer der Legislaturperioden führt dazu, dass Politiker und Politik immer visionsloser werden und nur auf den kurzfristigen Erfolg aus sind. Es geht nur noch um Macht und nicht um Zukunftsvisionen. Um aber an der Macht bleiben zu können, machen sie Versprechungen, die sie später nicht einhalten können. Dazu gehört das Versprechen, den Menschen immer mehr Verantwortung für ihr eigenes Leben abzunehmen. Damit geben die Menschen häufiger ihr eigenes Schicksal aus der Hand – die Gesellschaft wird dadurch immer unfreier. Und am Ende ist die Politik völlig überfordert mit all ihren Versprechungen, die sie nicht mehr einzulösen vermag, und die Menschen wenden sich frustriert von ihr ab.

Ist das also ein schleichender Prozess?

Ja. Er läuft, seitdem ich angefangen habe, politisch zu denken, und er lief auch vorher schon eine ganze Weile. Ich fühle mich zunehmend unwohl in dieser Art von Gesellschaft. Wenn ich höre, es sei meine Freiheit, zu sagen, ich gehe nicht arbeiten und zahle daher auch keine Steuern und Abgaben, aber habe das Recht, dauerhaft der Solidargemeinschaft auf der Tasche zu liegen, halte ich das für ziemlich unsozial. Das bedeutet nämlich, dass man frei ist in allen seinen Entscheidungen, aber wenn es schiefgeht, überhaupt keine Verantwortung übernehmen muss. Die wälze ich auf alle anderen ab. Das ist Ausdruck eines puren Egoismus. Mir schwebt dagegen eine Gesellschaft vor, die zwar naturgemäß aus Egozentrikern besteht, aber nicht aus Egoisten. Es ist sicher nicht egoistisch, auch wenn es viele gibt, die einem das weismachen wollen, wenn die Gesellschaft jemanden unterstützt, aber auch gleichzeitig erwartet, dass er Verantwortung übernimmt. Und zwar für sich selbst und für sein kleines persönliches Umfeld. Da ist der Arbeitnehmer, der am Band steht, genauso gefragt wie der Unternehmer, der 20 000 Leute beschäftigt. Dass der Arbeiter am Band die Verantwortung für sich und sein persönliches Umfeld nur in kleinerem Maße übernehmen kann als der Unternehmer, ist natürlich klar. Der Unternehmer mit den 20 000 Mitarbeitern muss selbstverständlich auch die Verantwortung für diese tragen. Wenn das so läuft, entsteht eine Solidargemeinschaft, die sich selbst trägt.

Es gibt aber Parteien und Organisationen, die davon leben, den Menschen zu sagen, dass sie nicht alleine ihr Leben meistern können; dass sie den Staat als großen Helfer brauchen und dass sie die Partei sind, die am besten geeignet ist, den Staat in diese Richtung lenken. Aber obwohl die Sozialleistungen immer weiter ausgedehnt werden, wird die Stimmung in der Bevölkerung immer schlechter.

Die Sozialleistungen können gar nicht immer weiter ausgedehnt werden, weil wir sonst in einem krachenden Fiasko enden werden, wenn wir so weitermachen wir bisher. Dann stürzen am Ende sämtliche Sozialleistungen zusammen. Dem müssten wir eigentlich dringend entgegensteuern. 1966 war der letzte Jahrgang der Babyboomer und vor diesem Hintergrund müssen wir doch darüber nachdenken, wie die Zukunft unseres Sozialsystems aussehen soll, wenn der Jahrgang von 1966 in Rente geht. Da bin ich keineswegs der Erste, der das feststellt. Aber es tut sich nicht wirklich etwas. Dazu kommt: Wir haben in der Vergangenheit erlebt und erleben es heute noch, dass alle kommunistischen und sozialistischen Systeme nicht funktionieren – von der Sowjetunion über die DDR, Kuba bis hin zu Nordkorea. Oder man schaue sich Venezuela an – dieses Land wird vom Sozialismus vollständig an die Wand gefahren. Man sieht bei allen Schwächen, die eine liberale Gesellschaft hat, dass die Armut in diesen liberalen Gesellschaften überschaubar ist. Wenn ich mir die Armut in Deutschland anschaue, ist sie trotz aller Missstände im Vergleich zur früheren DDR oder zu Nordkorea wesentlich geringer. Die DDR hat doch überhaupt kein Bruttosozialprodukt erwirtschaftet, sie hat von Devisenspenden aus dem Westen gelebt. Hätte es nicht Franz Josef Strauß mit seinem Milliardenkredit gegeben, wäre sie viel früher pleitegegangen als 1989.

Wenn ich dann heute sehe, dass es Menschen gibt, die ernsthaft glauben, dass wir wieder einen Sozialismus brauchen, weil es dort angeblich kein Gewinnstreben gibt, kann ich darüber nur lachen. Natürlich gibt es auch im Sozialismus Menschen, die nach Gewinn streben – und das sind genau die Menschen, die sich schließlich auch wieder durchsetzen werden und mehr Geld bekommen oder das, wodurch sich Ansehen und Status in diesem Sozialismus dann manifestieren. Es wird immer Menschen geben, die geschäftstüchtiger sind als andere und das gilt auch für den Sozialismus. Daraus können Schattenseiten des menschlichen Daseins entstehen, aber diesen Schattenseiten muss man Rechnung tragen. Ich glaube dagegen fest daran, dass wir es nur dann schaffen, eine zufriedene Gesellschaft zu haben, wenn jedes Mitglied dieser Gesellschaft nach seiner Wertigkeit leben kann. Dann dürfen wir aber den Menschen nicht erzählen, sie seien arm und schwach und könnten es alleine nicht schaffen. Denn vom Wert her ist jeder Mensch gleich.

Aber da kommen dann die sogenannten kleinen Leute und sagen: Ja mein lieber Graf Stauffenberg, ich habe aber völlig andere Voraussetzungen als Sie. Ich komme aus einer Hartz-IV-Familie, meine Eltern haben nie gearbeitet, ich habe nie in meinem Leben gearbeitet. Ich habe doch überhaupt keine Chancen im Leben. Was sagen Sie so einem Menschen?

Diesem Menschen sage ich, dass er einem Irrtum unterliegt, denn die Chance auf ein anderes Leben hat er. Die bietet ihm unsere Gesellschaft nämlich. Aber er muss die Chancen und Gelegenheiten auch nutzen. Wenn er aber immer und immer wieder zu hören bekommt, er habe diese Chance nicht, dann glaubt er natürlich irgendwann auch daran. Wenn ich einem Menschen immer und immer wieder sage, dass er ein Opfer ist, dann fühlt er sich in seiner Opferrolle wohl und wird die Schuld bei anderen suchen, welche die Verantwortung für ihn nicht übernehmen können.

Die Frage ist doch, ob die Leute die Chancen überhaupt ergreifen wollen oder ob sie sich nicht eher in ihrer Opferrolle gefallen und darin verharren wollen. Das kann ja auch bequem sein. Wenn ich mich in einer Hartz-IV-Karriere eingerichtet habe, dann ist es doch wunderbar, morgens nicht früh aufstehen zu müssen, um arbeiten zu gehen. Aber ist es erstrebenswert, solche Karrieren zu ermöglichen, oder ist es nicht doch erstrebenswert, den Leuten zu helfen, etwas aus ihrem Leben zu machen?

Nun macht es sich aber ja nicht jeder Hartz-IV-Empfänger in seiner Situation bequem.

Oh nein, ganz sicher nicht. Es gibt natürlich Menschen, die sich bemühen, aus diesem Zustand wieder herauszukommen. Und die Solidargemeinschaft muss bis zu einem gewissen Grad auch bereit sein, diesen Menschen dabei zu helfen. Aber sie müssen sich auch helfen lassen. Wenn sie sich dagegen standhaft weigern, sich helfen zu lassen, wird eine Solidargemeinschaft irgendwann sagen müssen, dass all die Hilfsversuche nichts bringen. Das ist vergleichbar mit einem Alkoholiker, der Hilfe bekommt. Die Frage ist dann: Nutzt er sie oder nutzt er sie nicht? Wenn er sie nutzt, hat er

Respekt und Anerkennung verdient, und wenn er vom Alkohol loskommt, Bewunderung. Ich kenne wenige Gruppen, die mehr Bewunderung in der Gesellschaft bekommen als trockene Alkoholiker. Und wenn ich aus einer Hartz-IV-Karriere ausbreche, ob mit oder ohne Hilfe einer Solidargemeinschaft, und sage, ich habe dieses Leben, das die Gesellschaft offenbar für mich vorgesehen hatte, hinter mir gelassen und verdiene durch meiner eigenen Hände Arbeit Geld, dann sind das die Karrieren, auf die man gerne blickt und sagt: Schau an, der hat es geschafft. Große Anerkennung und Kompliment.

Also bedeutet Freiheit im liberalen Sinne, die Chance zur Selbstverwirklichung zu bekommen?

Ganz genau – aber auch die Verantwortung, diese Chance zu ergreifen.

Und wie macht man das?

Nehmen wir an, wir haben einen Mann, der mit 16 Jahren die Schule geschmissen und keinen Abschluss hat, ohne Lehrstelle ist und sein Leben im Hartz-IV-Status eingerichtet hat. Jetzt kommt die Solidargemeinschaft in Gestalt der Job-Agentur und sagt: Pass auf, du bist inzwischen 23 Jahre alt, die bist gesund und arbeitsfähig. Wir bezahlen dir jetzt eine Umschulungsmaßnahme oder eine andere Unterstützung. Wenn so ein junger Mann nach zwei Wochen hinwirft, weil ihm das alles keinen Spaß macht oder er findet, dass ihm das alles zu anstrengend ist, liegt es in seiner Verantwortung, den Versuch erfolglos abzubrechen. Es liegt in seiner Hand, etwas zu schaffen, das ihn aus seiner Misere herausholt. Ich finde, dass die Gesellschaft, die diese Hilfe ja finanziert, ein Recht darauf hat, dass dieser Mensch sich bemüht. Davon abgesehen habe ich durchaus den Eindruck, dass wir noch individueller auf die Bedürfnisse dieser Menschen eingehen und sicher auch im Umgang mit ihnen noch lernen müssen. Die Angebote, diesen Menschen zu helfen und sie zu qualifizieren, müssen verbessert werden, aber sie sind existent. Die Betroffenen müssen sie aber auch annehmen.

Das Erfolgsmodell von Grünen und AfD: Gefühle statt Fakten vermitteln

Politiker haben heute einen denkbar schlechten Ruf. Früher hat man von Politikverachtung gesprochen, aber ich denke, man muss heute von Politikerverachtung reden. Es scheint auch vielen Menschen so, als wenn wir keine richtigen Politikertypen mehr haben, nur noch leidenschaftslose Berufspolitiker, denen nur ihre Karriere, nicht aber die Sache wichtig ist. Früher gab es Leute wie Franz Josef Strauß, Willy Brandt, Helmut Schmidt, Konrad Adenauer, die zwar von einem Teil abgelehnt wurden, vielleicht zum Teil auch verhasst waren, aber von einem anderen Teil der Menschen auch verehrt wurden. All diese Politiker hatten eine Erfahrung gemeinsam: den Krieg und/oder die schwere Phase des Wiederaufbaus. Diese Erfahrung haben Politiker heute nicht mehr. Ist das ein Grund dafür, dass sie heute kein Charisma mehr ausstrahlen? Sind sie tatsächlich anders als früher?

Ich glaube, es ist eine Mainstream-Meinung geworden, dass Politiker die da oben sind – und wir sind die da unten. Da tritt auch ein bisschen der Klassenkampf wieder hervor. Der zweite Punkt ist, dass wir inzwischen eine Politik haben, die im beängstigenden Maße visionslos ist. Ich denke da beispielsweise an den Satz von Angela Merkel nach der Bundestagswahl 2017. Die Union hatte Stimmen verloren, die AfD war das erste Mal in den Bundestag gewählt worden. Und was sagte Frau Merkel: Sie wisse nicht, was sie falsch gemacht haben solle in den vergangenen Jahren. Sie habe doch erreicht, dass eine Regierung ohne Beteiligung der CDU nicht möglich sei. Ich war zutiefst erschrocken, als ich diese Worte hörte. Es geht doch nicht nach dem Gewinn einer Wahl darum, ob die CDU in einer Regierung ist, sondern es geht darum, das Land in die Zukunft zu führen. Dazu braucht man unbedingt eine Vision, wie unsere Kinder und deren Kinder in Zukunft ein gutes Leben haben werden. Dass vor diesem Hintergrund es Menschen schlecht finden, wenn die CDU-Vorsitzende und Bundeskanzlerin sagt, sie sei zufrieden, dass ohne ihre Partei keine Regierung zustande komme, kann ich gut nachvollziehen. Schließlich geht es in einer parlamentarischen Demokratie ja darum, dass um verschiedene Lösungsansätze gerungen und am Ende Lösungen gefunden werden, die für viele Menschen tolerierbar sind. Wir haben aber einen Zustand erreicht, wo es nur noch um Verwaltungsintervalle geht, in denen kurzfristige Entscheidungen fallen und umgesetzt werden. Wir werden drei Jahre verwaltet, dann kommt ein Jahr Wahlkampf, in dem es von Visionen und Versprechungen nur so wimmelt, die später nicht umgesetzt werden, und dann geht alles von Neuem los. Für Visionen, aus denen nach konstruktivem Ringen verschiedener Meinungen und Lösungsansätze tatsächlich Politik wird, ist überhaupt keine Zeit mehr. Mit Regieren hat das alles nichts mehr zu tun, das ist nur noch pure Verwaltungstätigkeit. Wir entwickeln uns immer mehr zu einem Bürokratiemonster.

Haben Politiker überhaupt noch die Chance, ein solches Charisma zu entwickeln wie früher?

Wenn man zurückblickt, gab es in den Fünfziger- bis Achtzigerjahren, also in der sogenannten Bonner Republik, das Agreement zwischen Presse und Politik, dass Journalisten viele Dinge, die sie – vor allem aus dem privaten Bereich der Politiker – wussten, nicht schrieben, sondern für sich behielten. Das haben wir verloren. Die Medienlandschaft und der Journalismus haben sich unter dem großen Konkurrenzdruck, der heute allenthalben vorherrscht, nicht zum Besten verändert. Damit sind auch die Hemmungen gefallen. Dazu kommt: Es gab schon immer den Versuch, Menschen, die sich in irgendeiner Weise exponieren, niederzumachen. Das ist ein sehr deutsches Phänomen, welches ich noch niemals verstanden habe. Als Politiker, der etwas sagen und ausrichten möchte, muss man diesen dornigen Weg gehen, er muss sich darauf einlassen, nicht jedem zu gefallen. Heute kann man sehr schnell anecken. Ich erinnere da nur an den Ausspruch von Christian Lindner aus dem Jahr 2019 an die Fridays-for-Future-Bewegung, dass man den Klimaschutz doch besser den Profis, die davon etwas verstehen, überlassen solle. Hätten seine Kritiker das ganze Interview gelesen und nicht nur die Überschrift, hätten sie schnell erkannt, dass er mit den Profis nicht sich meinte, sondern die Wissenschaftler, die sich mit dem Thema beschäftigen. Er wollte sagen, dass man diesen Wissenschaftlern die Möglichkeiten und die Zeit geben solle, sich mit dem Thema Klimaschutz zu beschäftigen, und dass man das Thema nicht ideologisch anfassen sollte. Die Medientreibenden haben sich auf das Wort »Profis« konzentriert. Die Kritiker, also zumeist die jungen Leute, haben sich aber die Zeit nicht genommen, das Interview ganz zu lesen, sie haben nur die Überschrift geschafft.

Dadurch war eine Diskussion mit ihnen aber gar nicht mehr möglich, denn sie echauffierten sich dermaßen, dass man ihnen gar nicht mehr mit Argumenten kommen konnte. Das zeigt: Wenn man einem Politiker an den Karren fahren will, ist das heute in unserer Empörungsgesellschaft ganz einfach. Aber das muss man als Politiker auch aushalten, sonst hat man in der Politik nichts verloren.

Gelingt es den Grünen vielleicht besser als anderen Parteien, eine Vision – in diesem Fall der sauberen, schönen, grünen Umwelt – zu verkaufen?

Was den Grünen besser gelingt als allen anderen Parteien – nur die AfD macht das ähnlich gut: Beide Parteien verkaufen ein Gefühl. Bei der AfD steckt anders als bei den Grünen keine Vision dahinter. Aber es geht um das Gefühl, das beide verkaufen – und das ist das Gefühl der Angst. Die einen verkaufen das Angstgefühl des Weltuntergangs, die anderen das der Überfremdung. Die Grünen machen das, indem sie nette, freundliche junge Gesichter nach vorne schieben. Die schauen dann freundlich in die Kamera und sagen, es ist fünf vor zwölf, ihr müsst alle Angst haben. Da wird ein negatives Gefühl positiv verkauft. Angst ist zwar immer ein schlechtes Gefühl, aber jedes Gefühl lässt sich leichter verkaufen als Sachthemen. Union, SPD und FDP machen das nicht – und haben Einbußen. Sie versuchen immer noch, ihre Sachthemen zu verkaufen. Aber wenn ich heute in eine BMW-Niederlassung gehe, kaufe ich Freude am Fahren und nicht den 12-Zylinder-Motor mit einer Laufzeit von 350 000 Kilometern. Wenn man Erfolg haben will in der Politik, muss man offensichtlich die Leute bei ihren Gefühlen abholen. Das muss man nicht gut finden, aber so ist die Lage nun einmal. Auch Emanuel Macron hat das so gemacht. Er hat mit seiner Bewegung »En Marche« den Leuten gesagt, kommt, wir machen uns auf den Weg – das war ein positives Gefühl, das er damit vermittelte. Er hat den Menschen das Gefühl gegeben: Wenn ihr mutig seid, dann schafft ihr etwas. Das zeigt mir übrigens, dass die liberale Vision einer freien, liberalen Gesellschaft, in der jeder etwas schaffen kann, aber auch jeder für sich selbst einstehen muss, ein positives Gefühl auslöst und eine mehrheitsfähige Vision ist. Wir in Deutschland glauben daran leider »noch« nicht. Es ist eine erstaunliche deutsche Tugend, dass wir an unsere Freiheit und unseren eigenen Mut selbst nicht glauben. In anderen Ländern wie Kanada oder Litauen funktioniert das, in Deutschland nicht.

Ich komme an dieser Stelle noch einmal auf das zurück, was ich über eine freie, liberale Gesellschaft und die Entfaltungsmöglichkeiten, die sie bietet, gesagt habe. Anstatt Gefühle zu verkaufen, sollte die Politik – und auch hier meine ich insbesondere die Grünen – lieber dafür sorgen, dass sich Wissenschaftler frei entfalten können und in einem Wettkampf um die besten Ideen und Vorschläge, wie die Umwelt und das Klima geschützt werden, eintreten können.

Linke und rechte Populisten haben keine Lösungen

Die Gesellschaft spaltet sich seit einigen Jahren in einem Maße, wie ich es mir niemals hätte vorstellen können. Woran liegt das Ihrer Meinung nach?

Ein Stück weit hat sich das die Politik selbst zuzuschreiben. Wenn die Menschen 70 Jahre von der Politik zu hören bekommen: »Seid ihr mal frei, wir kümmern uns um den

Rest«, und die Menschen dann irgendwann feststellen, dass das so gar nicht funktioniert, sondern dass Freiheit immer auch mit persönlicher Verantwortung zu tun hat, muss sie sich nicht wundern, wenn die Menschen dann den Glauben an die Politik verlieren – oder auch die Achtung vor ihr. Dann etablieren sich eben Parteien wie die AfD, die der Fantasie Nahrung geben, es brauche nur endlich wieder einen starken Führer, der werde dann schon die Verantwortung übernehmen, der die demokratischen Parteien nicht nachgekommen sind. Dafür sind offenbar viele Menschen auch bereit, ihre eigene Freiheit aufzugeben. Wobei ich glaube, dass den meisten Menschen, die den rechten oder den linken Rand wählen, das gar nicht bewusst ist. Sie bekommen von diesen Parteien am rechten und linken Rand eingetrichtert, dass die »Bosse«, die bösen Reichen, die Grundbesitzer und die Erben einfach grundsätzlich ganz schlimme Menschen sind, die immer reicher werden, während sie selbst immer ärmer werden – was, wie ein Blick in die Statistik zeigt, falsch ist. Aber es geht ja eben nicht um Fakten, sondern um Gefühle. Und die Wähler dieser Parteien fühlen das ebenso. Ich finde es übrigens sehr ungerecht, dass viele mittelständische Unternehmen, die in Deutschland sitzen, Arbeitsplätze schaffen und ehrlich Steuern zahlen, in einen Topf geworfen werden mit sehr großen Unternehmen aus den USA, die hierzulande unglaublich viel Geld verdienen, aber so gut wie gar keine Steuern zahlen. Dabei sollte doch völlig klar sein, dass ein Unternehmen, das am deutschen Markt Geld verdient, auch in Deutschland Steuern zahlt. Es ist liberaler Grundsatz, dass Unternehmen dort, wo sie Geld verdienen, auch Verantwortung tragen.

Und wenn ein Unternehmen durch Managementfehler pleitegeht, wie zum Beispiel Air Berlin, und die Bundesregierung mal eben Hunderte Millionen reinpumpt, damit das Unternehmen noch für eine kurze Zeit weiterlebt, ist das aus meiner Sicht ein Faustschlag ins Gesicht eines jeden kleinen oder mittelständischen Unternehmers, der tagaus, tagein schaut, dass er seinen Laden zusammenhält; wenn das nicht gelingt, geht er pleite. Da werden dann keine Millionen ausgeschüttet.

Man bekommt auch immer mehr den Eindruck, dass viele Menschen einfach verlernen, zu diskutieren.

Also wenn ich mir dieses dozentenhafte Auftreten der Grünen anschaue, ist das auch in der Politik inzwischen sehr weit verbreitet. Die vermitteln den Eindruck, wer nicht für die Grünen ist, ist gegen den Umweltschutz. Die Kategorisierung, die einige Parteien vornehmen – nach dem Motto: Wir sind gut, alle anderen sind schlecht und alle, die nicht meiner Meinung sind, sind Nazis oder »links-grün«-versifft –, ist eine sehr vereinfachte, sehr populistische Sicht der Dinge und hat mit einer offenen Diskussionskultur nichts mehr zu tun. Ich kann dagegen nur predigen: Je einfacher die Antworten auf sehr komplexe Fragen sind, umso weniger sollte man ihnen Glauben schenken. Es reicht nicht, zu sagen wir retten die Welt, indem wir die Zahl der Windparks in Deutschland verdoppeln. So wird die Welt sicher nicht gerettet. Der Befund mit den nicht glaubwürdigen einfachen Antworten gilt natürlich neben den Grünen auch für die AfD und die Linkspartei. Genauso wenig wird die Welt gerettet, indem man fordert, keine Ausländer mehr nach Deutschland zu lassen. Das ist alles viel zu einfach und populistisch.

Wie kann man als Liberaler den Populisten beider Seiten entgegenwirken?

Man muss den Leuten klarmachen, dass es nichts bringt, wenn sie sich Angst einreden lassen. Man muss ihnen den

Mut machen, den sie brauchen. Wenn jemand sagt, er sei nur ein kleiner Mann am Fließband, muss man ihm klarmachen, dass das mit »klein« nichts zu tun hat, sondern dass er einen Lebensweg gewählt hat, der seine Daseinsberechtigung hat. Man darf ihm nicht einreden, dass er keine Chance hat, das zu werden, was er gerne möchte – aber er muss sich dafür eben auch anstrengen. Das ist das Gegenteil von dem, was die Populisten jeglicher Couleur ihm sagen.

Politische Entscheidungen sollten im besten Sinne reiflich überlegt und diskutiert sein und dann zum Wohl einer Gesellschaft getroffen werden. Vernunft und Verantwortung für die gesamte Gesellschaft sollten die Grundlage jeder politischen Entscheidung sein.

Auch Kanzler und Kanzlerinnen neigen mal zu populistischen Entscheidungen, die dann auch unvernünftig sind. Als Beispiel kann ich hier den überhasteten Ausstieg aus der Kernenergie der schwarz-gelben Regierung nennen, nachdem Fukushima havariert ist. Dass wir langfristig eine Energiewende brauchen, ist jedem vernünftigen Menschen klar, aber wir brauchen einen Fahrplan und konkrete Lösungen, wie man Kernenergie ersetzen kann. Wenn ich damals etwas zu sagen gehabt hätte, hätte ich dafür plädiert, zuerst einmal den Kohlestrom abzuschalten, die Wissenschaft und Energiekonzerne zu ermutigen beziehungsweise sanft zu drängen, nach Energiegewinnung zu forschen, die erstens umweltverträglich ist und zweitens den Bedarf an Strom deckt, den wir brauchen, und zwar kontinuierlich. Der Ausstieg aus der Kernenergie damals war eben auch populistisch, weil er ausschließlich der Angst der Menschen gefolgt ist und nicht der Ratio.

Man muss den Menschen in diesem Zusammenhang zum Beispiel auch sagen, dass die Digitalisierung zuerst Chancen bringt und nicht nur Gefahren, wie vielleicht viele glauben mögen. Ich kann heute im Internet den Segel- oder Jagdschein machen oder ein Fernstudium absolvieren, ebenso kann ich mich schulisch weiter qualifizieren, eine neue Ausbildung angehen, mir ein neues Thema aneignen.

Angst ist ein Gefühl, von dem sich Menschen leider viel zu oft leiten lassen. Populisten schüren diese und gewinnen dadurch an Zustimmung, gerade weil sie sehr oft versprechen – durch die Herabwürdigung einer Gruppe von Menschen –, diese Angst zu beseitigen. Für die einen sind der Ursprung des Übels Menschen mit Migrationshintergrund oder Juden, für andere sind es Konzernbosse oder generell Reiche oder wieder für andere die »SUV-Fahrer«.

Deutschland, ein gespaltenes Land – »Mittendrin statt extrem daneben«

In den vergangenen Jahren seit 2015 hat die sogenannte Flüchtlingskrise viele Menschen aufgewühlt. Viele sogenannte kleine Leute fühlen sich durch die Hilfe und Unterstützung für Zuwanderer zurückgesetzt. Sie sagen, diesen Menschen werde viel mehr geholfen als ihnen, die doch oftmals seit Jahrzehnten gearbeitet haben. Die Flüchtlinge bekämen Jobs, tolle Wohnungen und ich bekomme nichts – das ist die Auffassung vieler Menschen gerade dort, wo die AfD sehr stark ist. Das stimmt zwar so nicht, sondern ist wieder so ein Gefühl – das dann aber gerade von der AfD sehr erfolgreich bedient wird. Wie muss sich eine liberale Partei positionieren?

Das Problem ist: Viele dieser Menschen wollen Argumente gar nicht mehr hören, sie sind überhaupt nicht empfänglich dafür. Das ist eine ganz schlimme Entwicklung. Und doch muss man sagen: Selbst wenn die Menschen Argumente, die ja oftmals eine ganz andere Sprache sprechen als Gefühle, nicht mehr hören wollen, muss man jene trotzdem bringen. Man muss trotzdem mit ihnen reden. Wenn wir das nicht mehr versuchen, dann brauchen wir das ganze Politikbusiness nicht mehr, dann können wir Politik abschaffen. Dann können wir eine Autokratie einführen und uns all die Diskussionen sparen. Ich glaube übrigens, dass die Menschen, über die wir gerade reden, schon nach sehr kurzer Zeit in so einem System noch viel unzufriedener wären, als sie es heute sind, weil sie nämlich als Erstes feststellen werden, dass sie – anders als heute – nicht einmal mehr ihrer Unzufriedenheit offen Ausdruck verleihen dürfen.

Ich gehe ja oft für meinen Verein gegen Extremismus in Schulen und dann geht es häufig auch schnell um genau dieses Thema: Die Ausländer nehmen uns alles weg, bekommen viel Geld und wohnen in den schönsten Wohnungen. Da frage ich dann immer in die Runde, ob eigentlich einer dieser Schüler schon einmal in einer Flüchtlingsunterkunft war – natürlich schütteln alle die Köpfe. Wie es dort zugeht, wie die Lebensbedingungen dort aussehen und welche drangvolle Enge dort herrscht, das können sich diese Jugendlichen gar nicht vorstellen. Und selbst wenn die Flüchtlinge dann in eine eigene Wohnung kommen, oft nach sehr langer Zeit, sind diese Wohnungen sicher nicht die schönsten, größten und teuersten.

Ein weiterer Punkt ist: Wir machen einen großen, politisch gewollten Fehler, indem wir die Flüchtlinge, die wir hier haben, nicht in den Arbeitsmarkt lassen. Selbst wenn sie wollen, dürfen sie nicht arbeiten, obwohl wir massenhaft Leute suchen. Das sind oft solche Jobs, die viele

Hartz-IV-Empfänger dankend ablehnen, weil sie sich zu fein dafür sind oder als zu überqualifiziert empfinden. Ich denke da an die Alten- oder Krankenpflege, wo händeringend Fachkräfte gesucht werden, aber viele Deutsche dankend ablehnen, weil sie eben auch zu gering bezahlt werden. Diese Arbeitskräfte, die wir so dringend benötigen, wären aber da. Und diese Menschen, die wir nicht arbeiten lassen, haben andererseits einen rechtlichen Anspruch auf Sozialhilfe mit Wohn- und Kindergeld und was so alles dazugehört. Diese Menschen würden sehr gerne arbeiten, aber wir lassen sie nicht. Auf der anderen Seite schüren wir gerade damit die Wut und den Unmut derer, die sagen, diese Menschen kommen hierher und bekommen fürs Nichtstun Geld. Dieses Schüren von Zorn wird schon fast bewusst von der Politik in Kauf genommen. Das ist ziemlich dumm. Aber wenn ich mir unsere demografische Entwicklung ansehe, erkenne ich doch sofort, dass wir auf Menschen aus dem Ausland angewiesen sind und immer stärker angewiesen sein werden. Das muss einfach jedem klar sein, ob es ihm nun gefällt oder nicht. Ohne Zuzug von außen werden wir unseren Wohlstand überhaupt nicht erhalten können, da kann die AfD noch so viele falsche Dinge verbreiten, wie sie will. Meine Kritik wendet sich auch an die CSU, die keine Menschen aus anderen Kulturkreisen in Deutschland wie Muslime oder Hindus haben und daher Menschen aus anderen europäischen Ländern wie den Balkan-Staaten herlocken möchte. Das ist für mich eine – pardon – ziemlich dämliche Idee. Denn das sind Länder, die wir bewusst klein halten, indem wir ihnen die eigenen Fachkräfte, die sie selbst dringend brauchen, wegnehmen. Und dann beschweren wir uns gleichzeitig, dass Deutschland der größte Nettozahler der EU ist, weil die armen Länder nicht auf die Beine kommen. Ein typischer Fall von deutscher Bigotterie, nicht weit gedacht, aber ein schönes Einfallstor für die Kritik der Rechtspopulisten. Es täte der deutschen Politik wirklich sehr gut, wenn sie mal pragmatischer denken würde und nicht so ideologisiert.

Die »Flüchtlingswelle« hat das Land seit 2015 verändert, das steht außer Frage. Sie hat das Land zum Teil gespalten, sie hat der AfD, die damals ziemlich am Ende war, mächtig Auftrieb gegeben. Sie haben damals Ihren Verein »Mittendrin statt extrem daneben« gegründet, der sich gegen Rassismus engagiert. Wie kam es dazu?

Zunächst: Ich bevorzuge das Wort Flüchtlingswelle anstatt Flüchtlingskrise, denn eine wirkliche Krise hat sie nicht ausgelöst. Auch wenn uns das gerne von den Rechten weisgemacht wird. Sie war der Auslöser für die Gründung meines Vereins, weil sich damals sowohl auf der rechten als auch auf der linken Seite der politische Diskurs total veränderte. Diskutierte man bis dahin meistens auf Augenhöhe, so änderte sich das Diskussionsniveau nun rapide. Plötzlich hieß es: Bist du für die Flüchtlinge, dann bist du ein »links-grün« versiffter Kommunist. Oder: Bist du gegen Flüchtlinge, dann bist du ein Nazi. Die Sprache insgesamt radikalisierte sich und wurde gewalttätiger. Ich wollte mich dagegen engagieren. Ich hatte ursprünglich gar nicht den Gedanken, einen Verein zu gründen, sondern ich versuchte zunächst, mich in anderen Organisationen zu engagieren, aber das war unbefriedigend. Denn es gibt wirklich nur Bündnisse und Vereine, die sich ausschließlich gegen rechts oder ausschließlich gegen links positionieren und engagieren. Es gibt christliche Organisationen oder Pegidas, die sich gegen den Islam oder den Islamismus engagieren. Das war mir zu wenig. Aber dass es eine Gruppierung gab, die sagt, sie trete für unsere parlamentarische Demokratie ein und für unseren Rechtsstaat, für eine Europäische Union, um in Frieden und Freiheit zu leben, konnte ich nicht erkennen. Ich wollte das Mittendrin hervorheben und nicht das Extreme, egal welcher Art und welcher Couleur. Zu sagen, ich bin gegen den rechten oder gegen den linken Extremismus und blende die jeweils andere Seite aus, ist einfach zu wenig. Jede Form des Extremismus, die unsere Freiheit und unseren Rechtsstaat gefährdet, muss bekämpft werden. Diese ganzen Vereinsleute sind immer gegen etwas, nie für etwas. So ist es leider auch auf den allermeisten Demonstrationen – die Leute sind immer gegen Ausländer, gegen die Politik, gegen die Wirtschaft. Aber sie gehen nur selten für etwas auf die Straße. Ich möchte aber für etwas sein – für unseren Rechtsstaat, für unsere Demokratie, für unsere Freiheit. Ich fühle mich an dieser Stelle tatsächlich aber etwas allein auf weiter Flur. Die Menschen, vor allem die Deutschen, schimpfen und ärgern sich komischerweise viel lieber, als dass sie positiv drauf sind.

Wir sprachen schon einmal darüber: Die Erkenntnis scheint noch nicht sehr weit verbreitet zu sein, dass man für den Rechtsstaat auch kämpfen muss, um ihn zu erhalten.

Ich glaube, dass viele Leute inzwischen die Notwendigkeit sehen. Aber auch, dass sie leider den Hintern nicht hochbekommen und sich engagieren. Viele glauben auch, wenn sie etwas tun, bringe das doch sowieso nichts. Aber wenn das alle meinen und keiner tut etwas, dann geht eben auch keiner auf die Straße. Als ich bei einer Veranstaltung zum 75. Jahrestag des Attentates auf Hitler durch meinen Großvater 2019 in München in die Runde fragte, was uns alle eigentlich davon abhalte, für Freiheit, Rechtsstaat, Verfassung und Frieden auf die Straße zu gehen, unsere Demokratie zu feiern und mal zum Ausdruck zu bringen, wie viele Vorteile das alles für unser Leben hat, da nickten sie alle. Aber dann kam die Erste, die sagte, wie wäre es denn eigentlich, wenn die Bundesregierung den 20. Juli zum Feiertag für den Rechtsstaat machte? Der Nächste schlug vor, die Friday-for-Future-Bewegung dazu zu bringen, für etwas zu sein … Meine Antwort war: Wir selbst müssen versuchen, etwas zu machen. Wir dürfen das nicht wieder mal der Bundesregierung aufs Auge drücken, also der Politik. Oder der Jugend. Wir selbst müssen das machen, als Demokraten. Da ist eine 75-jährige Frau genauso in der Verantwortung wie ein 16-jähriger Schüler, die Kassiererin genauso wie der Unternehmer. Genau dieses Denken aber haben wir anscheinend heute verlernt. Wir haben verlernt, dass es nicht ausreicht, abends kopfschüttelnd die »Tagesschau« anzusehen und sich dann im Sessel zurückzulehnen und darauf zu hoffen, dass »die Politik« oder jemand anders es schon richten werde.

Meine These ist ja auch, dass die Weimarer Republik zwischen 1930 und Anfang 1933 nicht an der Stärke der Nationalsozialisten gescheitert ist, sondern an der Schwäche der Demokraten.

Ganz genauso ist es. Schon Platon hat gesagt: Wenn die Guten nicht kämpfen, siegen die Schlechten. Genauso ist es doch: Wenn die Guten sich zu fein, zu gut, zu pomadig sind, für die gute Sache auf die Straße zu gehen und sich für sie einzusetzen, werden irgendwann die Schlechten siegen. Das haben die Guten bis heute noch nicht wirklich verstanden. Die Guten, das sind diejenigen, die finden, dass unser Leben in Deutschland trotz seiner Schwächen insgesamt gut ist, dass unser politisches System gut ist, dass uns unsere Demokratie, unser Rechtsstaat und unser Grundgesetz immense

Vorteile bringen und dass uns die Europäische Union mehrere Jahrzehnte Frieden beschert hat, so lange, wie es das in unserer Geschichte noch nie gegeben hat. Seit Bestehen der Menschheit gab es kein besseres politisches System, aber wir alle sind dafür verantwortlich, dass es auch bestehen bleibt. Wenn es angegriffen wird, wie das derzeit der Fall ist – und keineswegs nur in Deutschland –, muss man es verteidigen. Klar, es gibt Gruppen, die auf die Straße gehen, die sind dann hier in Bayern gegen das neue Polizeiaufgabengesetz – ich kann verstehen, dass man dagegen auf die Straße geht. Aber gleichzeitig sollten wir eine Idee davon haben, wofür wir sind. Widerstand gegen etwas zu leisten, ohne eine positive Idee zu haben, was gut oder besser ist, macht keinen Sinn. Aber das ist das Normale in Deutschland, wenn bestimmte Gruppierungen auf die Straße gehen.

Was tut der Verein konkret?

Ich gehe an Schulen, um mit Jugendlichen und jungen Erwachsenen genau über diese Themen zu sprechen, über die wir auch reden. Am Anfang versuchen wir zu definieren, was eigentlich Populismus und Extremismus ist, woran man beide Phänomene erkennt. Und darüber, dass es in der Verantwortung eines jeden Einzelnen liegt, unsere Demokratie zu verteidigen, darüber, was jeder Einzelne dafür tun kann, damit Populismus und Extremismus sich nicht weiter ausbreiten beziehungsweise dass sie zurückgedrängt werden. Meine Erfahrung ist, dass Jugendliche für dieses Vorgehen sehr empfänglich sind, weil das zumeist noch nie jemand mit ihnen diskutiert hat. Es ist sehr erstaunlich, dass das in der Schule offenbar kein Thema ist. Und wenn die Schulen politisch werden, dann werden Schüler meistens in die Richtung befördert, die ich eben beschrieben habe: gegen etwas zu sein und nicht für etwas zu sein. Das ist für mich leicht nachvollziehbar, denn viele politisch aktive Lehrer, die wir heute im Schuldienst haben, sind Alt-Achtundsechziger oder deren Adepten, die ihre politischen Vorstellungen aus jener Zeit in die Klassenzimmer tragen. Sie sind zum Teil auch auf ihre Art und Weise radikal. Wenn nicht, ist es gewollt, dass Politik aus der Schule völlig draußen bleibt. Die Schüler verstehen das übrigens durchaus und das ist sicher auch ein Grund, warum sie beim Thema Politik schnell abschalten.

Aber Ihre eigenen Erfahrungen mit den Schülern sind trotzdem eher positiv?

Die sind durch die Bank weg positiv. Das Schlechteste, das passieren kann, ist, dass sie die Veranstaltung langweilig finden und warten, bis es vorbei ist. Aber ich habe bei jedem Schulbesuch das Gefühl, dass die Schüler wirklich interessiert sind, dass immer ein paar von ihnen anschließend darüber nachdenken, sich aktiv daran zu beteiligen, für etwas zu sein und dafür zu streiten.

Stoßen Sie unter den Schülern auch auf AfD-Anhänger?

Ja, aber die äußern sich nicht offen, sondern halten sich zurück. Aber man erkennt schon beim Blick in leere Gesichter oder anhand eines Kopfschüttelns, was diese Schüler tatsächlich denken. Was ich ihnen erzähle und worüber ich mit ihnen diskutiere, ist überhaupt nicht das, was sie von ihrem Umfeld oder von ihren Eltern vermittelt bekommen. Ich bin dann jemand, der genau das Gegenteil von dem verkörpert, was sie bisher gehört haben.

Spielt Ihr Name bei diesem Vorgehen eine Rolle?

In den Diskussionen nicht, aber ich gebe zu, dass er manchmal mein Ticket in die Schule ist. Er macht es mir leichter, dass ich überhaupt mit den Schülern diskutieren darf. Würde ich Karl Schenk heißen anstatt Karl Schenk Graf von Stauffenberg, würde ich diese Chance wahrscheinlich nicht so oft bekommen.

Und ist die Tat Ihres Großvaters ein Thema?

Ja, ich erzähle den Schülern darüber und das finden sie auch interessant. Ich versuche, meine Theorien zur aktuellen Politik und zum aktuellen Zustand der Gesellschaft aus seiner Tat und seinem Denken zu entwickeln. Im Prinzip genauso, wie wir es in diesem Buch tun. Es wird ja von mir auch erwartet, dass ich ein bisschen über den 20. Juli erzähle. Ich versuche dann, den Brückenschlag zum Heute zu finden und zu diskutieren, welchen Sinn es macht, etwas zu tun und zu widerstehen. Das ist übrigens nicht im Sinne von Widerstand leisten zu verstehen – denn Widerstand kann man nur gegen ein Unrecht leisten, nicht gegen eine demokratische Gesellschaft, die auf den Ausgleich der Interessen gerichtet ist. Mit dem Begriff Widerstand meine ich, den kruden populistischen Wahnvorstellungen von Rechts- und Linksextremisten entgegenzutreten. Wenn ich beispielsweise die Schüler bitte, dass alle diejenigen aufstehen, die tatsächlich aufgrund der sogenannten Flüchtlingskrise Nachteile erleiden, bleiben alle sitzen. Als einmal ein Jugendlicher aufstand und meinte, sein Vater habe seinen Job verloren und sein Großvater würde wegen der Flüchtlinge weniger Rente bekommen, haben wir diesen Irrtum sehr schnell ausräumen können. Spätestens sein Vater wird aber tatsächlich irgendwann weniger Rente bekommen, wenn wir nicht Arbeitskräfte aus dem Ausland ins Land holen, denn diese braucht die deutsche Wirtschaft ganz dringend und sie müssen eines Tages seine Rente bezahlen. Und nur wenn die Wirtschaft floriert, können wir unser Sozialsystem aufrechterhalten. Aber das erzählt diesem jungen Mann natürlich weder sein Opa noch sein Vater und in der Schule lernt er das offensichtlich auch nicht.

Und wenn ich dann immer wieder diese abwegigen populistischen Argumente einer Alice Weidel von der AfD höre, die uns weismachen will, dass alle muslimischen Männer Vergewaltiger und »Messermänner« sind, muss man dagegen gerade auch vor Schülern angehen. Ich jedenfalls bin nicht von zwei muslimischen, sondern von zwei deutschen Männern vergewaltigt worden, als ich 13 Jahre alt war. Ich rede trotzdem noch mit deutschen Männern. Das ist eine abartige Verallgemeinerung und das muss man Jugendlichen unbedingt beibringen, sonst laufen wir Gefahr, dass sie so einen widerlichen und gefährlichen Unsinn glauben. Wenn diese Leute grundsätzlich Muslime als Vergewaltiger und Menschenverächter titulieren, dann sage ich, dass wir Deutschen uns gerade an dieser Stelle doch besser ganz weit hintanstellen sollten. Dass die muslimische Kultur anders ist als unsere, steht dieser Einschätzung nicht entgegen. Ich bin auch nicht dafür, dass Frauen gezwungen werden, Kopftücher zu tragen. Aber ich bin auch nicht dafür, eine Frau zu zwingen, ihr Kopftuch abzunehmen. Sie kann genauso ein Kopftuch tragen oder eben nicht, wie es die Freiheit eines jeden Mannes ist, einen Bart zu tragen – oder eben nicht. Ich bin der Meinung, dass jeder Mann die Freiheit haben muss, eine Kippa zu tragen oder einen Turban – oder eben nicht. Solange Menschen in unserem Land leben und unsere Kultur achten und akzeptieren und unsere Gesetze achten und akzeptieren, ist doch alles bestens. Und wenn sie dann noch in der Lage sind, ihr eigenes Geld zu verdienen, und ihren Teil zur Allgemeinheit beisteuern, dann sind das genauso achtenswerte Menschen, die unsere Solidargemeinschaft weiterbringen, wie andere. Deshalb bin ich auch ein Befürworter eines Einwanderungsgesetzes, das den Menschen die Möglichkeit gibt, sich zu beweisen. Das ihnen die Möglichkeit gibt, zu zeigen, dass sie ein Mehrwert für die Gesellschaft hierzulande sind. Wenn sie andererseits von außen zu uns kommen und uns eine Last werden, dann muss die Gesellschaft auch die Möglichkeit haben, sie konsequent wieder loszuwerden. In diesem Zusammenhang möchte ich noch auf etwas hinweisen: Es ist nicht nur inhuman, sondern auch schlicht ein Irrsinn, dass unter den wenigen Menschen, die aus Deutschland abgeschoben werden, zum Teil gerade solche sind, die sich gut integriert haben, einem Job nachgehen, ihr eigenes Geld verdienen – während Straftäter nicht abgeschoben werden, weil ihnen möglicherweise im Heimatland Ungemach droht. Das ist eine dieser typischen Widersinnigkeiten der deutschen Politik. Was für eine dämliche Politik! Da fehlt der Sinn für Pragmatismus.

Noch mal zurück zum Extremismus: Rechtsextreme AfD-Politiker wie Björn Höcke testen aus, wie weit sie gehen können mit ihren abfälligen Äußerungen über Migranten oder die Aufarbeitung der deutschen Geschichte des 20. Jahrhunderts. Sollte man sie stärker daran hindern?

Ich finde den rechten Extremismus tatsächlich ziemlich gefährlich. Dabei geht es nicht nur um gewaltbereite Neonazis, sondern auch um Leute wie den AfD-Politiker Björn Höcke. Es ist sehr prozesswürdig, wie er sich äußert. Was er macht, erfüllt den Tatbestand der Volksverhetzung, er hätte längst vor Gericht gestellt werden müssen.

Damit würde man ihn aber vielleicht auch nur zum Märtyrer machen?

Da frage ich mich dann aber, warum wir überhaupt eine Exekutive haben, wenn diese sich nicht um einen Rechtsextremen wie Björn Höcke kümmert – nur aus dem Grund, dass sie keinen Märtyrer schaffen möchte. Wir brauchen einen wehrhaften Rechtsstaat, der genau das Handeln solcher Menschen unterbindet. Ein Rechtsstaat, der nicht wehrhaft ist, ist letztlich nutzlos. Wir haben ja die Gesetze, wir müssen sie nur anwenden.

Konzentrieren wir uns zu sehr auf den Rechtsextremismus?

Ja, ich bin davon überzeugt, dass Gesellschaft, Politik und Behörden derzeit zu wenig Augenmerk auf den linken Extremismus legen, weil sich alle auf den rechten konzentrieren. Zumindest gilt das im Moment. Es gab auch Zeiten, da war das umgekehrt, da haben wir uns zu sehr auf die linksradikalen Kräfte konzentriert und vergessen, dass es auch die auf der rechten Seite gab. Das kann man gut festmachen an der Zeit, als die RAF ihr Unwesen trieb. Als 1980 das Bombenattentat auf dem Münchner Oktoberfest begangen wurde und zwölf Menschen den Tod fanden, weil sie kaltblütig ermordet wurden, sind die Behörden losgezogen und haben linke Kommunen in München gestürmt. Es war von Beginn an klar, dass es sich um einen politischen Anschlag handelte, und man war damals der Auffassung, dass es keinen rechten Terror gebe, sondern ausschließlich linken. Dass es Rechtsextreme waren, welche die Bombe gelegt hatten, konnte man sich offenbar überhaupt nicht vorstellen.

Wir kennen zwar bis heute nicht die genauen Hintergründe, aber dass die Tat auf jeden Fall einen rechtsextremen Hintergrund hatte, ist unbestritten.

Genau. Aber damals hat man nur nach links geschaut, nicht nach rechts. Heute ist es genau umgekehrt. Dabei gibt es heute linksextreme Gewaltbereite genauso wie es 1980 rechtsextreme Gewaltbereite gab. Man muss sich nur mal im Internet die Kommentare von dieser Seite zum 20. Juli anschauen. Ich bekomme regelmäßig Mails mit linksextremen Kommentaren, die so eindeutig sind, dass schon deshalb gar kein Zweifel daran bestehen kann, dass es einen gewaltbereiten Linksextremismus gibt. Aber wenn man kritisiert, dass Gesellschaft, Politik und Behörden in Deutschland derzeit auf dem linken Auge blind sind, ist das nicht mainstreamtauglich.

Das habe ich auch ganz persönlich erlebt. Als ich meinen Verein gründete, versuchte ich, Allianzen mit anderen Vereinen zu bilden. Dazu gehörte auch der Verein »Wunsiedel ist bunt«. Das ist der Ausgangsverein von dieser ganzen Bewegung, die sich »… ist bunt« nennt. »Wunsiedel ist bunt« entstand, weil sich in Wunsiedel das Grab von Hitlers Stellvertreter Rudolf Hess befindet und dort jährlich zu seinem Todestag Gedenkmärsche von Neonazis organisiert werden. Dagegen formierte sich eine Bewegung, was begrüßenswert ist. Ich dachte, eine Zusammenarbeit mit diesem Verein wäre eine gute Sache, um gegen Extremismus anzugehen. Ich wandte mich also an die Organisatoren. Zuerst fanden die meinen Verein »Mittendrin statt extrem daneben« auch toll. Ich schlug ihnen dann vor, zusammen etwas gegen Extremismus im Allgemeinen zu tun. Daraufhin herrschte bei denen baffes Erstaunen. Damit wollten sie nichts zu tun haben, denn man könne doch den linken nicht mit dem rechten Extremismus gleichsetzen. Denn die Rechtsextremisten seien menschenfeindlich, der Linksextremismus aber sei doch nur systemfeindlich. Da musste ich doch erst einmal schlucken. Diese Aussage muss für jeden Montagsdemonstranten von 1989 aus Leipzig, der jede Woche unter Einsatz seines Lebens auf die Straße zum Demonstrieren ging – denn es war ja keineswegs klar, wie die Volkspolizei, die Stasi und die Russen reagieren würden –, ein Schlag ins Gesicht sein. Das waren Menschen, die für die Freiheit gekämpft haben – und nun erzählt man denen, die Linksextremisten seien doch »nur« systemfeindlich. Dabei war es doch der Linksextremismus, der 45 Jahre das Leben dieser Menschen zur Hölle gemacht hat. Und wir tun heute so, als wäre der Linksextremismus ein verständliches Aufbegehren gegen die Ungerechtigkeiten dieser Welt. Dass die Linksextremisten vielleicht mit dem einen oder anderen falschen Mittel wie dem Anzünden von Autos oder den gewalttätigen Ausschreitungen auf dem G7-Gipfel in Hamburg arbeiten – das sieht man ihnen gerne nach. Wenn da mal etwas in Flammen aufgeht oder in Schutt und Asche fällt, dann ist das ein verständliches Aufbegehren gegen die Reichen und Bonzen. Oder die Hausbestzungen in Berlin – das ist doch alles irgendwie verständlich, als linker oder grüner Politiker kann ich das sogar ein bisschen in Schutz nehmen. Das ist in Teilen der Bevölkerung eine durchaus verbreitete Sichtweise. Ich sehe das ganz anders: Für mich ist dieses Auftreten und Handeln der Linksextremen genauso verachtenswert wie das der Rechtsextremen. Genauso ist es, wenn ich den Antisemitismus nur auf die rechten Fahnen schreibe und nicht gleichzeitig auch auf die der Linken – das ist Geschichtsrevisionismus, denn natürlich gab und gibt es auf der linksextremen Seite genauso Antisemitismus wie auf der rechtsextremen.

Ich kann aus meiner persönlichen Sicht nur sagen: Der linke Extremismus ist nicht weniger und nicht mehr schädlich als der rechte. Das ist alles der gleiche Sumpf und muss scharf bekämpft werden.

Es gibt ja noch eine dritte Spielart des Extremismus, der uns in Deutschland zu schaffen macht: der Islamismus oder Salafismus. Die Gefahr ist in Deutschland inzwischen erkannt.

Diese Gefahr wird mit einem Blick auf die Zahlen von islamistisch motivierten Straftaten in Deutschland allerdings weit überbetont. Aber ich mache auch an dieser Stelle keinen Unterschied – jede Form von Extremismus ist schlecht und muss bekämpft werden. Ich mache zwischen den unterschiedlichen Extremismen keine Unterschiede. Übrigens nur mal ganz nebenbei: Es gab bis in die Neunzigerjahre hinein auch einen christlich geprägten Extremismus, zwar nicht bei uns in Deutschland, aber doch nicht weit entfernt, nämlich in Nordirland mit der IRA.

Sie sind als Liberaler also für eine klare Kante des Staates gegen jegliche Art des Extremismus?

Ich zitiere als Liberaler gerne den Grundsatz der Sozialistin Rosa Luxemburg: Die Freiheit des einen hört da auf, wo sie die Freiheit des anderen beschränkt. Liberal zu sein bedeutet bekanntlich nicht, dumm zu sein. Wenn der liberale Rechtsstaat angegriffen wird, muss er sich verteidigen. Hart, wenn es sein muss. Und egal, aus welcher Richtung der Angriff auch immer kommt. Sonst gibt es diesen liberalen Rechtsstaat irgendwann nicht mehr.

Freiheit – ein Wert an sich

Das Streben nach Freiheit war in der Geschichte immer wieder der Grund für den Sturz von Regimen und Diktatoren. Wir in Deutschland haben das zuletzt 1989/90 erlebt. Und natürlich spielt in diesem Zusammenhang Stauffenberg eine Rolle. Ich frage mich aber, ob der Begriff Freiheit für viele Menschen nicht mehr und mehr an Wert verliert, weil wir uns einfach so stark daran gewöhnt haben, dass wir uns gar nicht vorstellen können, in Unfreiheit zu leben. Menschen, die nie etwas anderes erlebt haben, erkennen vielleicht gar nicht, dass Freiheit auch bedroht sein kann.

Der Begriff Freiheit als solcher kann gar nicht an Bedeutung verlieren, weil Freiheit ein Wert an sich ist. Es ist vielmehr die Frage, inwieweit wir diesen Wert heute eigentlich noch schätzen. Wir leben in einer Zeit, in der wir das große Glück haben, tatsächlich das Leben in einer solchen Freiheit als völlig normal zu empfinden – was per se ja erst einmal etwas sehr Gutes ist. Das genau macht die Sache aber schwierig, denn wenn ich aufgrund dieser Normalität den Wert der Freiheit nicht mehr schätze, ist das nicht gut. Ich hoffe, dass die Freiheit für uns alle auch in 200 Jahren noch ein alltäglicher Zustand ist, aber wir müssen schauen, dass wir diesen höchsten Wert für einen Menschen täglich verteidigen. Es wird immer Menschen geben, die versuchen, andere Menschen zu dominieren – in welcher Form auch immer das geschieht. Dadurch wollen sie uns unsere Freiheit wegnehmen. Den Wert der Freiheit gilt es gegen jeden anderen Wert zu verteidigen. Wenn wir heute darüber reden, und das tun wir ja seit spätestens 2015, ob der Wert der Sicherheit nicht höher einzuschätzen ist als der Wert der Freiheit, dann trete ich dem entschieden entgegen. Auch solche Äußerungen führender Politiker sind ein Schlag ins Gesicht der Montagsdemonstranten von 1989. In der DDR hatten die Menschen vieles nicht und ganz bestimmt waren sie nicht frei – aber »sicher« waren sie. Sicherheit ohne Freiheit ist aber kein erstrebenswerter Wert. Wir müssen uns immer vor Augen führen, dass es viel Schweiß, Blut und Tränen gekostet hat, diese Freiheit in Deutschland durchzusetzen, die wir heute als so normal empfinden.

Gerade der 20. Juli ist ja ein Beispiel dafür.

Ja. Viele Menschen haben am 20. Juli unter Aufgabe ihres eigenen Lebens und in der Gewissheit, als Verräter abgestempelt zu werden, gesagt, dieser Einsatz ist es wert, damit die Menschen frei sein können.

Das Gleiche gilt für die DDR.

Ja, dort gab es die Montagsdemonstranten in Leipzig und anderen Städten und auch den Volksaufstand von 1953. Die Menschen, die damals auf die Straßen gingen, wussten, dass sie mit ihrem Leben spielen. Diesen Menschen kann man doch nicht erzählen, dass der Wert der Sicherheit größer ist als der der Freiheit. Wir geben mit jeder Stufe einer Verschärfung von Sicherheitsregelungen ein Stück Freiheit auf. Beispiele sind der Große Lauschangriff, die Ausweitung von Videoaufnahmen im öffentlichen Raum oder die Vorratsdatenspeicherung. Selbst wenn ich den jetzt handelnden Politikern abnehme, dass sie tatsächlich nur die Freiheit durch mehr Sicherheit gewährleisten wollen, indem sie sie ein Stück weit einschränken, so können wir uns doch nicht sicher sein, dass wir eines Tages andere Politiker an der Macht haben, die das ganz anders sehen. Dann haben wir diesen Leuten mit demokratischen Methoden Mittel in die Hand gegeben, die sie schlimm missbrauchen können. Um nicht missverstanden zu werden: Ich bin froh, wenn wir einen gut funktionierenden Verfassungsschutz und eine gut funktionierende Polizei haben. Über die Gefahren des Extremismus haben wir bereits gesprochen – aber deren Bekämpfung bitteschön auf der Grundlage unserer bestehenden Gesetze, denn diese sind völlig ausreichend. Der Glaube, dass mehr Gesetze zwangsläufig mehr Sicherheit bringen, ist ohnedies falsch. Beim NSU-Skandal beispielsweise haben die Behörden ja nicht wegen fehlender Gesetze versagt, sondern weil sie die bestehenden Gesetze nicht ausgeschöpft und nicht ordentlich zusammengearbeitet haben. Oder möglicherweise auch, weil an entscheidenden Stellen auch mal zwei Augen zugedrückt wurden und der Verfolgungswille – ich formuliere es jetzt mal zurückhaltend – nicht sehr groß war. Solche Dinge müssen übrigens konsequent aufgeklärt werden, weil sie andernfalls gerade Extremisten Vorschub leisten, sie ermuntern, ihren gewaltbereiten Weg zu gehen. Das gilt grundsätzlich. Wenn man rechtsextremen Hooligans oder linksextremen Hausbesetzern, die Molotowcocktails werfen, mit einem Augenzwinkern entgegentritt, ermutigt man sie. Das geschieht leider viel zu häufig von Politikern, sei es von der Union, sei es von den Grünen und den Linken. Das ist eines gewählten Parlamentariers absolut unwürdig. Ein demokratisch gewählter Politiker schränkt damit nämlich sehenden Auges die Freiheit und übrigens auch die Sicherheit der Menschen ein.

Man darf der Exekutive aber auf der anderen Seite nicht die Möglichkeit in die Hand geben, willkürlich Personen zu überwachen und einzusperren, auch wenn das bei den derzeit handelnden Politikern sicher nur eine theoretische Möglichkeit ist. Aber es können eben Zeiten kommen, in denen Politiker an der Macht sind, die diese theoretischen Möglichkeiten in die Praxis umsetzen könnten. Ebenso muss unbedingt die Gewaltenkontrolle funktionieren, ohne sie gibt es keine Freiheit. Mehr Gesetze bedeuten also nicht zwangsläufig mehr Sicherheit, aber möglicherweise weniger Freiheit. Sie steigern die Gefahr der Willkür der Exekutive. Das ist keine gute Entwicklung.

Auch Intoleranz und der moralische Zeigefinger, den Teile der Gesellschaft beziehungsweise der Politik gerne nach oben halten, können doch Freiheit beeinträchtigen, oder?

Dadurch entsteht ein Anpassungsdruck in der Gesellschaft, dem sich viele irgendwann nicht mehr entziehen können. Nehmen wir das Beispiel Greta Thunberg. Jeder, der dieses schwedische Mädchen, das von seinen Anhängern als Klimaaktivistin und große Aufrüttlerin gefeiert wird, kritisiert, stellt sich in ihren Augen automatisch außerhalb der Reihen, die für den Klima- und Umweltschutz sind. Das ist natürlich völliger Unfug, denn man kann sehr wohl gegen Greta sein, aber für den Klimaschutz. Aber durch diese Gleichung, die ständig mit dem erhobenen moralischen Zeigefinger im vorgeblichen Wissen höherer eigener Moral aufgestellt wird – übrigens sehr oft leider auch völlig unkritisch in den Medien –, erwächst ein enormer gesellschaftlicher Druck auf diejenigen, die dieses Mädchen und die PR-Maschine, die hinter ihr steckt, kritisch sehen. Er gilt als »alter, weißer Mann« – übrigens ein sowohl diskriminierender als auch rassistischer Ausdruck, aber er kommt ja von den »richtigen« Leuten, also ist er natürlich okay – oder auch geradezu als präfaschistoid. Besonders schlimm ist, dass das alles genau von den Leuten kommt, die vorgeben, im Namen der Toleranz zu sprechen.

Für mich ist Demokratie ein stetiger Kampf um das bessere Argument. Wir reden also von Menschen, die glauben, dass sie sich politisch auskennen oder eine bestimmte Idee haben, die sie tagtäglich in Diskussionen in Parlamenten, Ausschüssen und wo sonst auch immer vertreten. Aber es sollte immer auf Augenhöhe sein. Wenn man allerdings jemanden, nur weil er anderer Meinung ist, in eine extreme oder radikale Ecke stellt in Form zum Beispiel des »alten, weißen Mannes«, ist das eine Gefährdung demokratischer Zustände. Mit solchen Leuten streite ich mich nicht, da muss ich eine Diskussion dann abkürzen.

Einsatz für den Klimaschutz ist Ausdruck eines liberalen Denkens

Eines der Themen, bei dem sehr gerne mit dem erhobenen moralischen Zeigefinger diskutiert wird, ist das Thema Klimaschutz. Welche Bedeutung hat Klimaschutz heute?

Es gibt noch immer Leute, die bezweifeln, dass Klimaschutz überhaupt ein Thema ist. Das ist völliger Unfug. Natürlich ist das ein ganz großes Thema unserer Gegenwart, eine ganz wichtige Frage, vor der die Menschheit steht. Daher kann ich auch verstehen, wenn dieses Thema einen Teil der Jugend, die wir unter dem Stichwort Fridays for Future kennen, umtreibt. Ich bin selbst aber kein Wissenschaftler und kann daher die Frage, ob wir den Klimawandel überhaupt aufhalten können, nicht beantworten. Solange diese Frage nicht endgültig beantwortet ist, sollten wir alles Vernünftige tun, von dem wir derzeit glauben, dass es hilfreich ist. Aber das muss vernünftig geschehen, auf einer wissenschaftlich fundierten und pragmatischen, nicht auf einer ideologisch motivierten Basis. Schließlich gilt: Wir Menschen wollen und werden nicht darauf verzichten können, kontinuierlich Energie zu verbrauchen. Wer das leugnet, macht sich und seiner Umwelt etwas vor.

Wo stehen wir denn beim Klima? Am Abgrund, wie viele Leute glauben?

Das vermag ich nicht zu sagen. Ich muss mich als Laie darauf verlassen, was die Wissenschaft uns sagt. Im Moment sagt etwa die eine Hälfte der Experten, wir stehen nicht am Abgrund, und die andere Hälfte meint, wir sind genau dort angekommen und jeder weitere Schritt ist einer zu viel. Die eine Hälfte sagt, der Klimawandel ist von den Menschen gemacht, die andere Hälfte sagt, es gab immer einen Wandel des Klimas zwischen Heiß- und Eiszeiten. Ich bin der Ansicht, wir sollten, solange nicht gewissermaßen die Unschuld der Menschheit erwiesen ist, so tun, als ob sie mit ihrem Verbrauch an Ressourcen und der von ihr verursachten Verschmutzung der Welt verantwortlich ist, und uns dementsprechend so weitgehend klimaneutral verhalten, wie das möglich und sinnvoll ist.

Kann der Einzelne in Ihren Augen denn eigentlich etwas tun, um Klima und Umwelt zu schützen?

Ja, ganz sicher kann er das. Klar, man kann fragen: Was kann ich denn schon als Einzelner tun? Mein ökologischer Fußabdruck spielt doch gar keine Rolle, so unbedeutend ist er. Das Problem ist: Wenn das jeder sagt, passiert auch nichts. So kommt man niemals zu Maßnahmen für den Klimaschutz. Wenn etwas passieren soll, muss man auch im Kleinen damit anfangen – und dann ist jeder Einzelne von uns gefragt. Bewusst leben, bewusst die Ressourcen der Natur schonen und nicht zu vergeuden, das finde ich sehr angebracht. Ich muss aber immer wieder betonen, dass wir das auf einer vernünftigen Basis machen müssen. Ganz einfaches Beispiel: Wenn ich die Möglichkeit habe, auf Plastiktüten im Supermarkt zu verzichten, weil ich einen Bastkorb mitnehme, dann hilft das, wenn auch nur im ganz Kleinen. Aber viele ganz kleine Schritte ergeben einen großen. Das sollte man sich doch stets vor Augen halten, auch wenn man in dem Augenblick, in dem man seinen Bastkorb vom Supermarkt nach Hause trägt, vielleicht nichts davon sieht, dass man die Umwelt schützt. Zu sagen, es bringt doch gar nichts, wenn man als Einzelner etwas tut, und deswegen lasse ich es sein, bringt tatsächlich nichts. Man muss einfach anfangen. Und vor allem kann man nicht sagen, weil die anderen nichts tun, tue ich eben auch nichts. Wenn jeder so agiert, würden wir niemals vorankommen. Wir sind an dieser Stelle wieder angelangt bei dem sehr liberalen Thema der eigenen Verantwortung für sein eigenes Wohl und das der Gesellschaft. Man sieht: Umweltschutz ist ein absolut liberales Thema. Im Klimaschutz kann man liberale Eigenverantwortung ganz praktisch leben.

Es gibt Studien, die besagen, dass die Klimaschutzpolitik der Bundesregierung gescheitert ist, weil wir trotz aller Maßnahmen zur Einschränkung des Energieverbrauchs sogar mehr Ausstoß von Treibhausgasen haben. Müssen wir noch einmal grundsätzlich in der Klimaschutz- und Umweltpolitik umdenken?

Ich finde, wir müssen von diesem Dogma, nach dem die Gesellschaft auf Teufel komm raus auf erneuerbare Energien umschwenken muss, obwohl wir eigentlich überhaupt nicht wissen, ob das einen Nutzen hat, wegkommen. Früher gab es zwei hauptsächliche Energiequellen, nämlich Kernenergie und fossile Brennstoffe. Dazu kam ein eher kleiner Teil erneuerbare Energien. Jetzt nehmen wir aus ideologischen Gründen die Kernkraftwerke vom Netz und versuchen, sie durch erneuerbare Energien zu ersetzen. Das geschieht in der Hoffnung, dass wir uns eines Tages komplett auf diese Erneuerbaren stützen können, was in Deutschland ja hauptsächlich Photovoltaik und Windkraft bedeutet. Tatsächlich wissen wir aber gar nicht, wie und ob wir auf diese Weise unseren kompletten Energiebedarf ohne Schwankungen planbar sichern können. Immerhin müssen wir 365 Tage im Jahr 24 Stunden am Tag den Energiebedarf unserer Industrie decken. Mit den erneuerbaren Energien alleine werden wir das zumindest auf längere Sicht nicht schaffen. Für mich bedeutet das, dass wir über kurz oder lang erst einmal von Kernenergie aus Frankreich und Braunkohle aus Polen abhängig sein werden. Auf diese Weise retten wir aber das Klima nicht. Wenn Deutschland beschließt, völlig aus den umweltschädlichen Energieträgern auszusteigen, dann aber von den Energieträgern aus dem europäischen Ausland abhängig ist, ist der Gewinn gleich null. Der einzige Effekt ist, dass wir Deutschen uns besser fühlen können, weil wir ja sauberer sind als früher. Ob nun die Deutschen oder die Polen die Kohle verbrennen, damit die Deutschen ihren Energiebedarf decken können, ist der Umwelt herzlich egal. Da beißt sich die Katze in den Schwanz. Wenn wir aussteigen wollen aus fossilen Brennstoffen und aus der Kernenergie, dann sollten zuerst die Fossilen an der Reihe sein. Und wenn wir tatsächlich eine Lösung zur planbaren Versorgung ohne die althergebrachten Energieträger haben, dann können wir gerne komplett umsteigen. Eine solche Lösung haben wir aber bislang nicht und das ist sehr gefährlich für die Energieversorgung.

Fridays for Future sagt aber, dass der Ausstieg aus der Kohle bis 2038, so wie ihn die Bundesregierung beschlossen hat, viel zu spät sei.

Ich kann diese Kritik nachvollziehen und stimme ihr sogar teilweise zu. Aber dann müssen wir die Laufzeiten unserer Atomkraftwerke wieder verlängern. Greta Thunberg hat das ja auch mal verlauten lassen, das hat ihr Vater erst nach massiver Kritik deutscher Grüner wieder zurückgenommen. Das wäre aus meiner Sicht ein gangbarer und ein konsequenter Weg.

Wir setzen in Deutschland sehr auf bestimmte Technologien für die Zukunft. Sind wir da Ihrer Ansicht nach zu eindimensional?

Ganz sicher sogar. Wir müssten viel offener sein für verschiedene neue Technologien und für die Forschung daran. Sehen Sie, wir standen doch schon mehrfach vor großen Umweltproblemen: Man konnte nicht mehr in den Flüssen schwimmen, der Wald starb durch den sauren Regen, dem er ausgesetzt war. Wenn man sich die frühere Berichterstattung anschaut, ist es ja ein Wunder, dass überhaupt noch ein einziger Baum in Deutschlands Wäldern steht. Jetzt haben wir die Klimakatastrophe und zugleich macht sich der Borkenkäfer breit – beide sind eine Gefahr für unseren Wald. Gefordert werden nun eine Renaturierung und ein Abholzverbot. Dabei ist doch gerade Holz ein idealer Rohstoff, der über Jahrhunderte CO_2 bindet und nachwächst. Doch anstatt unser eigenes Holz zu nutzen, gehen wir nach Polen und holen es da – die Polen freuen sich, weil sie damit Geld verdienen. Wieder einmal betreiben wir an dieser Stelle eine ideologisch fundierte Politik, mit der wir nichts erreichen.

Noch mal zurück zur Frage, ob wir uns vielleicht zu sehr stets auf eine Lösung konzentrieren. Beispiel Elektroauto: In Deutschland konzentriert sich alles auf die E-Mobilität, dabei ist überhaupt nicht klar, ob dies wirklich die sinnvollste und beste Lösung ist. In China und anderen Ländern forscht und arbeitet man auch an anderen Lösungen wie den Wasserstoff-Antrieb. Mich erinnert das an die Zeit vor gut 100 Jahren, als man hierzulande auf den Zeppelin setzte anstatt auf das Flugzeug. Welche Lösung sich durchsetzte, ist bekannt. Verbauen wir uns durch diese Eindimensionalität Zukunfts- und Wirtschaftschancen?

Wir verbauen uns tatsächlich Zukunftschancen und vor allem ist der deutsche Hype um das Elektroauto nicht wirklich weit gedacht. Denn auch die Akkus für diese Autos benötigen doch Rohstoffe, die endlich sind. Lithium ist ein Rohstoff, der nicht unbegrenzt nachwächst. Wenn wir weltweit den Bedarf an Lithium verzigfachen, haben wir irgendwann das gleiche Problem wie mit dem Erdöl oder der Kohle – der Rohstoff geht zur Neige oder wir müssen mindestens für seine Gewinnung die Umwelt immer mehr angreifen. Wir stehen vor der Frage, ob und wie man Lithium menschen- und naturgerecht abbauen kann. Ich vertraue darauf, dass wir Wissenschaftler haben, die irgendwann einmal die von uns sehnlich herbeigewünschte eierlegende Wollmilchsau entwickeln – oder zumindest eine Lösung, die doch einigermaßen nahe dran ist. Also eine Lösung, die wirklich klima- und menschengerecht funktioniert. Man muss diese Wissenschaftler aber in Ruhe und ohne ideologischen Druck forschen lassen. Ich finde zum Beispiel die Idee, Wasserstoff als Energieträger zu nutzen, toll. Ich frage mich, wieso wir nicht viel stärker in diese umweltfreundliche Richtung forschen, anstatt uns auf eine Lösung festzulegen, welche die Umwelt schädigt. Wir müssen der Forschung die Möglichkeit geben, offen zu arbeiten, und dürfen ihr keine Vorgaben machen oder sie in eine Richtung lenken.

Ebenso halte ich es für grundfalsch, zu sagen, wir verlassen uns jetzt ausschließlich auf uns heute bekannte Technologien und lassen außer Acht, was vielleicht noch kommen könnte. Wir müssen da einfach offenbleiben. Beim Thema Elektroauto macht sich zudem mal wieder diese typisch deutsche Eigenart breit, immer an der Spitze stehen zu müssen und den anderen den Weg zu zeigen. Was nutzt es uns aber, wenn es sich möglicherweise später als Irrweg herausstellt und wenn die anderen vielleicht einen anderen Weg gegangen sind, der sich als der richtige herausstellt? Am deutschen Wesen soll die Welt genesen – das war mal ein beliebter Spruch hierzulande. Wir haben aber in der Vergangenheit gesehen, dass die Welt nicht immer am deutschen Wesen gesundete, sondern oft genug erkrankte. Hören wir also mal mehr auf andere und versuchen, gemeinsam mit Amerikanern, Europäern, Chinesen, Indern oder wem auch immer zu den besten Lösungen zu gelangen. Heute ist es ja so, dass die Welt am grünen Wesen genesen soll – das zeigt, dass die Grünen sehr typisch deutsch sind mit ihrer Besserwisserei und ihrer Rechthaberei.

Dieser Starrsinn hat weitere Folgen. Wenn ich zum Beispiel den ländlichen Raum mit Windrädern vollstelle, nehme ich ihm Entwicklungschancen, zum Beispiel im Tourismus, weg. Denn kein Tourist möchte auf einen Windpark mit 50 Windrädern schauen, wenn er aus dem Fenster seiner Ferienwohnung sieht. Das ist auch ein Stadt-Land-Problem und ich muss zugeben, dass ich an dieser Stelle zu sehr Dörfler bin. Warum muss man diese Windräder immer auf dem Land errichten? Das kann man doch auch im Englischen Garten in München oder auf dem Tempelhofer Feld in Berlin machen, da ist ja nun wahrlich genug Platz. Wenn die Städter unbedingt Windräder wollen, dann können sie diese doch auf die Dächer ihrer Häuser setzen. Schließlich sind es die Städter, die diesen Strom brauchen. Ich kann mir auf dem Land meine eigene Photovoltaik-Anlage aufs Feld stellen, damit bin ich gut versorgt. Ach nein, das geht ja gar nicht. Denn wir haben – noch so ein unverständlicher Punkt in der Klimapolitik – ja die Vorschrift, dass ich den Strom, den ich produziere, gar nicht selbst verbrauchen darf, sondern dass ich ihn in das allgemeine Stromnetz einspeisen muss. Und dann muss ich Geld dafür bezahlen, dass ich Strom aus diesem allgemeinen Netz beziehe. Ein Ziel muss in meinen Augen sein, die Stromversorgung dahingehend zu dezentralisieren, dass auch Privatleute tatsächlich ihren eigenen Strom produzieren dürfen. Dann bräuchten wir zum Beispiel weniger Überlandleitungen, die ja sehr umstritten sind und für viel Unmut in der Bevölkerung sorgen.

Brauchen wir mehr Verzahnung zwischen Wirtschaft und Wissenschaft?

Ja, genau das ist zwingend notwendig. Aber viele Deutsche sehen hier sofort eine Einflussnahme böser Lobbyisten und Investoren auf die Forschung. Selbst viele der Grünen reden ja gerne von Ökologie und Ökonomie, nur sie tun nichts für diese Verzahnung und Vernetzung. Ihre Ideologie verbietet das, weil einige in den Unternehmern immer schlimme Großkapitalisten sehen, denen es nur um den schnöden Mammon und nie um die Umwelt geht. Das ist in meinen Augen eine völlig unzulässige Verallgemeinerung.

Klimaschutz wird in Zukunft noch viel mehr den Einzelnen betreffen und den Einzelnen dazu zwingen, sein Verhalten zu ändern und sich einzuschränken …

Ich weiß gar nicht, ob das wirklich so kommen wird. Diese Gefahr haben wir immer schon gesehen, wenn wir vor hehren Aufgaben standen. Immer haben wir uns davor gefürchtet, dass wir uns einschränken müssen. Wir müssen den Forscher- und Gründergeist fördern, damit Forscher und Gründer vielleicht ganz neue Lösungen zutage fördern, die wir uns heute noch gar nicht vorstellen können und die vielleicht die Gesellschaft weiterbringen und den Einzelnen freier machen. Nur leider sind wir eben von einer solchen Einstellung weit entfernt. Dabei haben wir doch in der Vergangenheit gesehen, dass Fortschritt gerade auch der Ökologie helfen kann. Heute können wir beispielsweise wieder im Rhein baden – wer hätte das vor einiger Zeit glauben mögen? Oder dass wir durch den Spessart wandern können und nicht nur kaputte und abgestorbene Bäume sehen, sondern gesunde? Schon diese beiden recht banalen, aber schönen Beispiele zeigen: Wir brauchen Zuversicht und Mut, wir müssen die Chancen sehen und ergreifen, die uns der Fortschritt bietet, und nicht dem Fortschritt grundsätzlich kritisch gegenüberstehen oder ihn gänzlich ablehnen. Auch das ist übrigens wieder eine Frage von Freiheit und damit ein sehr liberales Thema. Denn wenn wir den Klimaschutz offen, ohne ideologische Scheuklappen angehen, stecken darin Chancen, die am Ende dem Menschen sogar mehr Freiheit bringen können. Das müssen wir Liberalen noch viel mehr klarmachen. Ein Glas kann eben halb leer sein – oder halb voll. Wir müssen viel öfter das halb volle Glas sehen. Wir müssen zeigen, dass es sich lohnt, anzupacken. Wir müssen öfter mal Bob der Baumeister sein anstatt ideologisierende Oberlehrer.

Greta Thunberg, die von vielen angebetete schwedische Klimaaktivistin, malt die Zukunft schwarz und sagte öffentlich: Ich will, dass ihr Panik habt. Ist es der richtige Weg, Angst zu schüren?

Also ganz sicher nicht – Angst ist niemals ein guter Ratgeber. »Angst essen Seele auf«, haben früher die Spontis gesagt und wir reden ja auch nicht umsonst von der »lähmenden Angst«. Wenn es tatsächlich fünf vor zwölf ist, wie Greta und ihre Anhänger behaupten, dann warten 90 Prozent der Menschheit angstvoll und zählen die fünf Minuten bis zum großen Knall herunter, anstatt zu sagen: »Lasst uns doch die letzten fünf Minuten nutzen, damit wir, wenn es dann wirklich zwölf ist, feststellen, dass nichts passiert ist – weil wir es verhindert haben.« Angst aber lähmt. Statt Angst zu schüren, wäre es sinnvoll, daran zu arbeiten, Lösungen zu erforschen, mit denen wir das Klima schützen können. Aber dafür muss man die Industrie und die Wirtschaft einbeziehen und sie nicht als Feinde betrachten; dafür muss man, wie schon gesagt, den Forschern die Möglichkeit geben, frei von Ideologie ihre Arbeit zu tun; und dafür muss man Forschung und Wirtschaft verzahnen und vernetzen. Diese ewige Angstmacherei erinnert mich schon fast an den Kalten Krieg, als wir in Westdeutschland Angst davor hatten, dass uns der böse Kommunismus überrollt, und die Menschen in Ostdeutschland fürchteten, dass der schlimme Kapitalismus sie plattmacht. Dass 1989 die Mauer fiel, lag ja nicht an denen, die beständig Angst schürten, sondern an denen, die mutig anpackten, um Veränderungen zu erreichen. Von diesem Geist brauchen wir wieder mehr, von der Zuversicht auf ein besseres Leben, die unser Handeln leitet, Mut macht und Ideen erwachsen lässt.

Aber es ist doch trotzdem so, dass es auf jeden Fall auch Verlierer geben wird, wenn wir das Klima und die Umwelt effektiv und nachhaltig schützen wollen. Und seien es die »Reichen«, die mehr für den Klimaschutz zahlen müssen als die Ärmeren.

Ich glaube nicht, dass die Besserverdienenden die Verlierer sein werden. Die Verlierer werden diejenigen sein, die keine Chance haben auf eine Fortbewegungsmöglichkeit ohne CO_2, weil es zum Beispiel in den ländlichen Räumen praktisch keinen öffentlichen Nahverkehr gibt. Ich selbst beispielsweise, der in Irmelshausen wohnt, bin auf meinen PKW schlicht angewiesen. Ich kann mit der Ökoromantik vieler Stadtbewohner nichts anfangen, weil sie auf meine Situation überhaupt nicht übertragbar ist. Auf den Individualverkehr kann man vielleicht in Großstädten wie Berlin oder München verzichten, aber sicher nicht im ländlichen Raum. Und selbst die Menschen in den Großstädten, die vielleicht auf eine individuelle Möglichkeit zur Fortbewegung verzichten könnten, werden auf jeden Fall nicht auf ihre Mobilität überhaupt verzichten wollen. Es ist eine vollkommen undifferenzierte Sicht der Dinge, zu sagen, wir müssen den Individualverkehr total einschränken.

Oder ein anderes Beispiel als die Mobilität: der Häuslebesitzer. Was, wenn er seine alte Ölheizung austauschen muss, aber nicht die finanziellen Möglichkeiten hat, sich mal eben für 30 000 Euro eine neue Heizung, die nach neuesten ökologischen Gesichtspunkten arbeitet, zu kaufen? Seinen Beitrag zum Klimaschutz muss man sich nämlich auch leisten können. Darüber denken viele Umweltschützer überhaupt nicht nach.

Klimaschutz muss ebenso zum alltäglichen Leben der Menschen passen, sonst wird er keine Akzeptanz finden.

Diese Aussage ist mir zu allgemein. Richtig ist, dass es möglich sein muss, Klimaschutz in den Alltag des Einzelnen miteinzubeziehen. Aber gerade dann muss man eben auch offen sein für verschiedene Lösungsansätze und neue Technologien, die es vielleicht heute noch gar nicht gibt. Wenn ich vornherein sage, ich möchte meinen Strom ausschließlich aus Windenergie beziehen und meine Mobilität ausschließlich mit Strom sichern, dann ist mir das schlicht zu eng gedacht.

Vergessen Klimaschützer vielleicht häufig, dass Klimaschutz auch eine soziale Komponente hat?

Hier sind wir schon bei einem Thema angelangt, das ebenfalls immens wichtig ist: die Verbindung von ökologischer und sozialer Frage. Klar ist: Klimaschutz muss man sich leisten können. Und das können Gutverdiener besser als solche Menschen, die weniger verdienen. Biofleisch kostet eben viel mehr als herkömmliches. Es bedarf also eines gewissen gesellschaftlichen Status, um sich auf dieses Thema einlassen zu können. Das ist ein Punkt, der leider oft unter den Tisch fällt. Wenn die Benzinpreise vielleicht eines Tages durch staatliche Maßnahmen deutlich steigen, wird sich der Besserverdienende ärgern, aber für den nicht so gut verdienenden Pendler ist das ein richtiges Problem, das er möglicherweise nicht stemmen kann. Wenn Sie hier in Irmelshausen leben und 50 Kilometer weiter nach Schweinfurt fahren müssen, weil Sie dort arbeiten, dann geht so eine deutliche Preiserhöhung sehr ans Portemonnaie und kann eine echte Belastung werden.

Drohen bei einer solchen Entwicklung möglicherweise sogar eines Tages französische Verhältnisse? In Frankreich gibt es die Gelbwesten-Bewegung, die sich aufgrund von Preiserhöhungen beim Benzin gebildet hat.

Ich bin kein Hellseher, aber auszuschließen ist so etwas auch hierzulande nicht. Das Problem ist ja, dass gerade die Parteien, die von sich stets mit großer Inbrunst behaupten, sie seien die Anwälte des sogenannten kleinen Mannes, genau diese Menschen mit ihrer Politik stark schröpfen werden. Ich habe oft das Gefühl, dass denen das gar nicht klar ist. Und noch viel weniger machen sie sich Gedanken über die möglichen Folgen. Und ebenso gilt, dass man nicht den Großunternehmer erreicht, wenn man Angst und Panik wegen des Klimas und der Umwelt verbreitet, sondern diejenigen, die bei diesen Großunternehmern arbeiten.

In Deutschland wird, wenn es um den Klimaschutz geht, immer sehr viel mit Moral argumentiert, von einer erhöhten moralischen Warte aus. Hilft das?

Ohne einen gewissen moralischen Anspruch geht es doch gar nicht. Wenn ich mir Donald Trumps Slogan »Make America great again« und die Missachtung sämtlicher bi- und multilateraler Vereinbarungen sowie die Leugnung einer potenziell vom Menschen verschuldeten Zerstörung des Klimas anschaue, um der heimischen Industrie zu helfen, stelle ich fest, dass eine Portion Moral ganz guttäte. Aber ich glaube nicht, dass der moralische Zeigefinger der einzige Leuchtturm im Nebel sein darf, nach dem wir uns alle richten können. Die Moral ist, dass es in unser aller Verantwortung steht, das Klima nicht zu belasten und es besser zu schützen als bisherige Generationen. Dazu gehört auch, dem Unternehmer klarzumachen, dass er nicht nur die Vermehrung seines Vermögens anstrebt, sondern dass er auch eine Verantwortung für die Umwelt übernehmen muss – das sage ich ganz bewusst als unternehmer- und fortschrittsfreundlicher Liberaler. Entscheidend ist auch an dieser Stelle letztlich wieder die Vernetzung: So wie wir Wirtschaft und Forschung vernetzen müssen, so müssen wir das mit der Moral und dem Fortschritt ebenfalls tun. Ein gewisser erhobener Zeigefinger stört in diesem Zusammenhang nicht, wenn er nicht die Schranke darstellt, die den Fortschritt aufhält. Und zwar den Fortschritt in der Form, wie ich ihn schon benannt habe – also als Arbeit an möglichen neuen technologischen Entwicklungen zum Schutz der Umwelt. Leider bewirkt der erhobene Zeigefinger in Deutschland zum Teil, dass wir an dieser Stelle nicht weiterkommen. Er muss eine Mahnung sein, aber darf kein Verbot darstellen.

Passen Klimaschutz und Kapitalismus zusammen?

Warum nicht? Mir konnte bislang noch niemand erklären, was dagegensprechen sollte, dass beide zusammenpassen. Man kann doch mit Technologien zum Klimaschutz Geld verdienen, und zwar nicht schlecht. Und das ist auch gut so. Man muss aber eine Offenheit besitzen für Technologie. Nehmen wir das E-Auto: Dahinter steckt ja auch die Idee, mit einem klimaneutralen Auto Geld zu verdienen.

Das unter Umweltgesichtspunkten schmutzigste Land der Welt war übrigens die DDR – also ein sozialistischer, kein kapitalistischer Staat.

Richtig. Dass Sozialismus gleichzusetzen ist mit Umweltschutz, wie gerne behauptet wird, habe ich schon immer infrage gestellt. Die Umweltschutzparteien heutzutage sind alle sozialistisch ausgerichtet, das ist ein großes Manko. Man muss aber gar nicht zurückblicken in die DDR mit ihrem massiven Braunkohleabbau und ihren Zweitakt-Trabanten. Richten wir doch den Blick nach Venezuela mit seiner sozialistischen Regierung. Die hat für Umweltschutz nun wirklich überhaupt nichts übrig. Oder die kommunistische Volksrepublik China. Da werden ganze Täler zu Stauseen gemacht, trotz der Gefahr, dass schlimme Erdbeben drohen, weil der Druck auf die Landmasse zu groß wird. Und über den CO2-Ausstoß in China wollen wir mal gar nicht reden. Die Aussage, dass Sozialismus gleich Umweltschutz sei, darf man so nicht stehen lassen. Ich denke, in einem Fortschrittsland, wie es Deutschland ist – oder vielleicht war –, kann Umweltschutz überhaupt nur durch Marktwirtschaft – oder nennen wir es Kapitalismus – vonstattengehen.

Viele Jugendliche fühlen sich heute aufgerufen, für das Klima zu demonstrieren. Sie werfen den »Alten« vor, an dieser Stelle sträflich versagt zu haben.

Wir »Alten« haben der Jugend immer vorgeworfen, sie sei zu unpolitisch und interessiere sich für alles, nur nicht für Politik. Wir werfen ihnen gerne vor, sie hingen nur noch in ihren sozialen Netzwerken herum, lebten mit ihren Spielkonsolen und seien sozial mit ihrer Umwelt kaum noch kompatibel. Jetzt haben wir plötzlich eine Bewegung, die uns Alten gerade das Gegenteil beweist. Nämlich dass sie tatsächlich für ein sehr politisches Thema auf die Straße gehen und dafür kämpfen. Das empfinde ich als ausnahmslos positiv. Diskutabel finde ich allerdings ihre Forderungen und in einigen Fällen sind sie auch nicht wirklich zielgerichtet. Aber das sollte man einer idealistischen Jugend nicht vorwerfen. Jugend darf und muss auch idealistisch sein, weil spätestens bei Beginn des Berufslebens der Realismus einen sowieso wieder einholt. Ich finde es auch gut, wenn die Schüler auf die Straße gehen. Die Frage ist aber, ob das freitags während der Schulzeit sein muss. Das halte ich für nicht sehr durchdacht, weil die Schüler damit nämlich genau den Alten, denen sie ja auf die Füße treten möchten, die Möglichkeit geben, zu kritisieren, dass sie das ja nur täten, um die Schule schwänzen zu können. Diesen Vorwurf würde ich mir als Organisator einer solchen Demo nicht gefallen lassen. Wenn ich das ein paar wenige Male mache, um die Gesellschaft aufzurütteln, ist das in Ordnung. Wenn aber 10 000 oder 20 000 Jugendliche an einem Samstag, an dem sie sich eigentlich ihren Spielkonsolen widmen, durch Hamburg, Berlin oder München laufen und demonstrieren, um die Umwelt zu retten, wäre der Aufschrei noch größer beziehungsweise ich könnte damit den Alten das Argument des Schuleschwänzens wegnehmen.

Es ist ja auch die Frage, inwieweit diese Jugendlichen eigentlich ihre eigenen Forderungen einhalten. Die Tatsache, dass in Deutschland jedes Jahr neue Rekorde bei den Zahlen der Fluggäste erreicht werden, scheint dagegenzusprechen. Und es sind Umfragen zufolge ausgerechnet die Anhänger der Grünen, die am häufigsten das Flugzeug benutzen.

Ich möchte da nicht alle über einen Kamm scheren. Ich glaube schon, dass es viele dieser Jugendlichen ernst meinen und auch im Rahmen ihrer Möglichkeiten versuchen, so zu leben, wie sie es von allen anderen fordern. Und wir waren doch alle mal jung und wissen daher, dass man als Jugendlicher sehr viel idealistischer ist und auch sein darf als später. Es ist doch klar, dass einige der Forderungen, welche die Jugendlichen lautstark erheben, ziemlich überzogen sind. Aber warum denn nicht? Wann sollten sie so sein, wenn nicht in diesem Alter, wenn sie 17 oder 18 sind? Ich wollte in dem Alter viele Dinge, die ich heute nicht mehr will oder die ich heute schlicht in der Realität als undurchführbar erkannt habe. Aber in dem Alter darf ich noch träumen. Und warum soll ich diese Träume nicht auch lautstark kundtun? Wenn durch Fridays for Future der eine oder andere Erwachsene tatsächlich dazu bewogen wird, den Bastkorb mit in den Supermarkt zu nehmen und nicht die Plastiktüte, ist das eine gute Sache. Schade ist, wenn man sich nach diesen Freitagsdemos die Innenstädte so anschaut, wie viel Müll da zurückbleibt.

Jugendliche demonstrierten für das Klima, die Wirtschaft soll sich mit der Forschung besser vernetzen, so weit, so gut. Aber ist nicht eigentlich der Staat der effektivste Klimaschützer?

Der Staat kann natürlich Regelungen und Verbote zum Klimaschutz erlassen. Mit Verboten, Gängelung und immer mehr Bürokratie, die unabdingbar wären, erreicht man aber nichts außer Unmut bei den Menschen. Der Staat sollte nicht versuchen, durch Verbote Klimaschutz zu erreichen, sondern durch Anreize. Nehmen wir das Beispiel einer CO_2-Steuer: Wenn heute eine solche Steuer auf einen Liter Benzin erhoben würde, würde das zwangsläufig von den Ölkonzernen auf die Kunden umgelegt. Das heißt:

Der Klimaschutz würde ausschließlich vom Endkunden bezahlt, nicht von der Industrie. Wenn ich aber eine – am besten europäische – wissenschaftlich fundierte Höchstgrenze festlege, bis zu der CO_2 ausgestoßen werden darf, und der Industrie dann die Möglichkeit gebe, selbst auszuhandeln, wer wie viel davon emittieren darf, ist das ein viel besserer Weg. Wer mehr CO_2 verbraucht, kann die Rechte anderer, die weniger verbrauchen, kaufen. Das bringt einen Anreiz, möglichst emissionsfrei zu produzieren. Als Unternehmer würde ich bei einer solchen Lösung viel eher darüber nachdenken, wie ich es schaffe, weniger CO_2 zu produzieren, als wenn ich die Steuer einfach auf meine Kundschaft umlege. Der Staat sollte grundsätzlich solcherart Anreize schaffen, aber nicht mit Verboten hantieren. Zudem: Was hindert deutsche Unternehmen eigentlich daran, ihre Produktion ins Ausland zu verlagern, wenn sie sich zu stark durch staatliche Maßnahmen eingeschränkt fühlen? Die Folge eines solchen Schritts wäre der Abbau von Arbeitsplätzen und der Rückgang von Steuereinnahmen. Nur für den Klimaschutz wäre überhaupt nichts erreicht, weil die Unternehmen das CO_2 einfach an anderer Stelle ausstoßen.

Klimaschutz bringt auf nationaler Basis nicht so sehr viel. Deutschland beispielsweise ist für 2,1 Prozent des weltweiten CO_2-Ausstoßes verantwortlich. Maßnahmen, die wir hierzulande treffen, haben also global gesehen lediglich eine kleine Wirkung. In anderen Ländern ist der Klimaschutz längst nicht ein so großes Thema wie bei uns, es reicht, zu unseren östlichen Nachbarn, den Polen, zu schauen. Und die Länder der sogenannten Dritten Welt sagen, die Industriestaaten wollten sie doch in erster Linie unter dem Stichwort Klimaschutz kleinhalten, auf dass

ihnen keine Konkurrenz erwachse. Wie kann man das ändern?

Meine Vision ist, dass sich durch möglichst viel Freihandel die Staaten immer mehr annähern und voneinander lernen. Heute zu sagen, dass die anderen nichts machen und es daher auch nichts bringe, wenn Deutschland etwas tue, bringt uns nicht weiter. Es ist richtig, dass der Klimaschutz nicht an Deutschlands Grenzen aufhört, aber wenn die Deutschen sagen, wir schützen das Klima jetzt deswegen nicht mehr, weil es die anderen ja auch nicht tun, würden wir keinen Schritt weiterkommen, nicht einmal ein paar kleine. Insofern ist es gut, wenn wir von der privaten Ebene eines jeden Einzelnen bis zur staatlichen Ebene klimaneutral denken und versuchen, diese Gedanken auch zu exportieren. Das geht aber nur dann, wenn ich gute politische und wirtschaftliche Beziehungen zu den anderen Ländern habe. Wenn wir wollen, dass Afrika irgendwann in der Zukunft auf eigenen Beinen steht und nicht finanziell von uns abhängig ist und auch keine Flüchtlinge mehr zu uns kommen, dann muss man diesen Ländern und den Menschen dort auf die Beine helfen. Nicht in der Art, dass man einfach Geld reinpumpt, sondern in Form eines soliden Freihandelssystems, in dem nicht nur wir unsere subventionierten Waren in diese Länder schaffen, sondern in dem auch diese Länder die Möglichkeit haben, ihre Waren unverzollt zu uns zu bringen und hier zu verkaufen. So gehen wir leider als Europäische Union nicht vor. Das wäre aber ein wichtiger Schritt, denn nur so funktioniert es, dass diese Länder auf die eigenen Beine kommen und uns irgendwann auf Augenhöhe begegnen können.

Die Jagd ist gelebter Naturschutz

Ein Thema, das Sie persönlich interessiert, ist das Jagdrecht. Die Jagd wird von Tierschützern abgelehnt. Wie gehen Sie damit um?

Diese Leute – das muss man klipp und klar sagen – kennen sich schlicht nicht aus mit dem Thema Jagen. Ich bin selbst Jäger, daher weiß ich, wovon ich rede. Ich komme aus einer Familie, welche die Jagd sehr ernst nimmt. Tierschützer glauben, ein Jäger geht in den Wald und bedient mit dem Gewehr in der Hand seinen Blutrausch. Wer aus diesem Grund auf die Jagd geht, würde dieses Hobby sehr schnell wieder fallen lassen, weil der Jagderfolg sehr überschaubar ist. Wenn man zehnmal auf die Jagd geht, schießt man vielleicht einmal ein Wild. Ich gehe auf die Jagd, weil es mir sehr viel Freude bereitet, für ein paar Stunden eine völlig entschleunigte Welt erleben zu können. Ich genieße es, einen seltenen Greifvogel oder einen Uhu beobachten zu können oder auch nur einen vorbeihoppelnden Hasen. Der zweite Grund dafür, dass ich zur Jagd gehe, ist eine Überpopulation des Wildes, da ihm in unseren Wäldern die natürlichen Feinde fehlen. Wenn jemand wie meine Familie den einen oder anderen Baum besitzt und diese Bäume so beieinanderstehen, dass das man das Ganze als Wald bezeichnet, stellt man schnell fest, dass ein solcher Wild-Überbestand diesem Wald nicht guttut. Wenn zu viele Lebewesen einer Spezies auf einer begrenzten Fläche leben, bekommt diese Population Stress. Das ist übrigens bei Menschen in den Großstädten ebenfalls zu beobachten. Anders als bei den Menschen kann man die Population von Wildtieren aber reduzieren. Wir glauben doch, dass wir als Menschen den Auftrag haben, die

Welt möglichst sinnvoll zu erhalten und anderen Lebewesen den Raum und gute Lebensbedingungen zu ermöglichen. In der Vergangenheit haben wir den Fehler gemacht – und wir machen ihn ja leider auch heute noch –, einzelne Spezies auszurotten. Damit müssen wir aufhören. Aber dazu gehört eben auch, den Spezies, die noch da sind, gute Lebensbedingungen zu ermöglichen. Dazu gehört eine Regulierung der Bestände, um zu verhindern, dass es zu Überpopulationen kommt. Denn solche Überpopulationen sind ein Grund dafür, wenn die Wälder kaputtgehen, die aber doch Lebensraum für viele Arten sind. Um das zu verhindern, muss man den Bestand an Wildtieren eben zum Teil reduzieren. Das gilt auch für den Wolf, der ja bekanntlich wieder nach Deutschland eingewandert ist, was die einen in Entzückung versetzt und bei den anderen die Wut hochsteigen lässt.

Auch beim Wolf müssen wir die Möglichkeit haben, den Bestand zu regulieren, denn er hat keine natürlichen Feinde bei uns. Wir sollten nicht den Fehler machen, den wir beim Biber gemacht haben, der ja ebenfalls bei uns wieder eingebürgert wurde. Er wurde unter absoluten Schutz gestellt, was in einigen Regionen zu einer solch drastischen Überpopulation führte, dass man die Biber jetzt schon fast als Ungeziefer ansieht. Biber zu jagen und ihren Bestand zu reduzieren ist ganz einfach ein pragmatischer Ansatz, um das Problem im Zaum zu halten. Es ist falsch, sie aus fundamentalistischen Gründen vor jeglichen Maßnahmen zu schützen. Das deutsche Jagdrecht bietet eine große Bandbreite an Möglichkeiten – sowohl zur Regulierung als auch zum Schutz. Wenn ich Biber konsequent unter Naturschutz stelle, gibt es irgendwann nicht mehr die Möglichkeit zur Regulierung. Denn während ich bei den zuständigen Behörden den Antrag stelle, einen Biber aufgrund einer Überpopulation, womit er ein echter Störenfried der Umwelt und der Kulturlandschaft wird, zu schießen, hat dieses Tier sich schon zwei- oder dreimal fortgepflanzt, ehe der Antrag durch ist. Das Problem wird also größer. Wenn der Biber aber unter dem Jagdrecht stehen würde, könnte das Land Regionen freigeben, in denen ein Teil der Biber für eine bestimmte Dauer von vielleicht zwei Wochen entnommen werden darf. Auf diese Weise kann man versuchen, die Population des Bibers auf Normalmaß zu bringen. Wenn das gelungen ist, kann man das Jagdfenster wieder zumachen.

Leider denken die Gegner der Jagd aber viel zu fundamentalistisch, und das gilt derzeit gerade ja auch für den Wolf. Sie stellen die Jäger als blutrünstige Killer dar, aber diese Sicht wird mindestens 90 Prozent der Jäger ganz sicher nicht gerecht. Dass es auch schwarze Schafe unter ihnen gibt, will ich gar nicht abstreiten. Aber deshalb kann man ja nicht die ganze Jägerschaft in diese Ecke stellen.

Also, wenn ich das richtig verstehe, ist Jagen auch Teil des Naturschutzes?

Das ist aus meiner Sicht so, ja. Ich sage das nicht, weil ich selbst auf die Jagd gehe, sondern weil ich tatsächlich glaube, dass die Jagd gelebter Naturschutz ist. Sie hat auch eine lange Tradition und gehört zum Menschen dazu. Der Mensch ist ein Allesfresser, so wie die Schweine ja auch. Menschen sind auf tierisches Eiweiß angewiesen. Wenn das jemand verneint und gerne als Vegetarier oder vegan leben möchte, dann ist das sein gutes Recht – ich glaube aber, dass das eher ungesund ist. Und zu sagen, mir tut jedes tote Tier leid, ist falsch verstandene Tierliebe. Der Tod gehört nun mal zum Leben dazu. Zudem ist es in der Natur vorgesehen, dass es Räuber und Fleischfresser ebenso gibt wie Pflanzenfresser. Ich persönlich kann für mich zum Glück sagen, dass ich auf Massentierhaltungsprodukte verzichten kann. Ich kaufe meine Eier auf einem Hühnerhof in der Nachbarschaft und wenn ich einen Schweinebraten essen möchte, dann habe ich mir ein Wildschwein geschossen, das anders als die Schweine aus der Massentierhaltung ein schönes Leben hatte und vom Tod so plötzlich überrascht wurde, dass es ganz sicher nicht leiden musste. Natürlich kann nicht jeder so leben. Aber ich finde es ziemlich bigott, sich tagsüber über die Massentierhaltung aufzuregen und sich abends im Supermarkt ganz billige Putenbrust zu kaufen, die wahrscheinlich auch noch in Plastikfolie eingepackt ist. Auch vor diesem Hintergrund empfinde ich den Vorwurf, wir Jäger seien böse Tiermörder, einfach unhaltbar.

Die Politik vernachlässigt die Menschen auf dem Land

Auf Ihrer Agenda steht auch das Thema ländlicher Raum ganz oben. Warum interessiert Sie dieses Thema so?

Dafür gibt es zwei Gründe. Erstens interessieren sich Menschen für ihr persönliches Umfeld und dieses Umfeld ist bei mir nun mal der ländliche Raum. Mich interessieren ländliche Themen einfach mehr als städtische. Ich kann aber natürlich verstehen, wenn das bei Menschen, die in der Stadt leben, anders ist. Zweitens ist das Thema ländlicher Raum in der deutschen Politik ziemlich unbeleckt. Es handelt sich um ein Thema, das in der realen Politik fast nicht stattfindet. Das ist erstaunlich, wenn man bedenkt, wie viele Menschen in Deutschland auf dem Land leben. Es ist seltsam und oft lächerlich, über welche Themen hierzulande mit unglaublicher Verve diskutiert wird – und dabei handelt es sich wirklich oft um Scheindiskussionen, die uns überhaupt nicht weiterbringen. Ich denke da beispielsweise an die Rechtschreibreform oder an die ganze absurde Debatte darüber, ob die deutsche Sprache zu maskulin ist und feminisiert oder neudeutsch gegendert werden müsse. Mit solchen Debatten löse ich kein einziges gesellschaftspolitisches Problem. Man muss sich das einmal vorstellen: Wenn man heute eine Stelle für einen Job als Schreiner ausschreibt, steht da: Suche Schreiner (m,w,d). Welches gesellschaftliche Problem soll damit gelöst sein? Damit macht man nur Fässer auf, die es gar nicht wert sind, aufgemacht zu werden. Es ist doch völlig egal, welches Geschlecht eine Person hat, die sich für eine Stelle bewirbt. Es muss doch die jeweilige fachliche Qualifikation sein, die entscheidet, wer diese Stelle bekommt. Durch solche unnötigen Diskussionen geht viel Energie und Zeit für wichtigere Dinge verloren.

Und genauso ist es bei dem Problem, dass immer mehr Menschen in die Ballungszentren und Städte ziehen und dass dieser Trend massive Probleme schafft, weil der Raum enger wird, weil es nicht genug Wohnraum gibt und weil die Verkehrsprobleme dadurch immer größer werden. Man kann sicher darüber diskutieren, wie man den Verkehr aus den Städten verbannt oder ob man Wohnungsbauunternehmen verstaatlichen soll, um die Mietpreise im Zaum zu halten. Nur: Das eigentliche Problem packt man mit solchen Diskussionen und solchen Maßnahmen ja gar nicht an. Das eigentliche Problem lautet doch: Wie kann man den ständigen Zuzug in die Städte stoppen und möglicherweise umkehren? Wenn wir viel mehr für den ländlichen Raum tun würden, wäre es vielleicht für viele Menschen eine echte Überlegung, auf dem Land wohnen zu bleiben, anstatt in die Stadt umzuziehen. Das aber ist ein Thema, das weder die Parteien noch die Gesellschaft wirklich angehen. Anstatt darüber zu diskutieren, wie man die Mieten in den Städten senkt und wie man möglichst schnell möglichst viele neue Wohnungen bauen kann, sollte man sich doch darüber Gedanken machen, wie man das Wohnen auf dem Land, wo es in kleinen Städten und Dörfern sehr viele leer stehende Wohnungen gibt, attraktiver macht. Viele Wohnungseigentümer können dort ihre Wohnungen gar nicht mehr vermieten, weil es keine Interessenten gibt – das ist eine reale Enteignung, während wir über die Enteignung von Wohnungsbauunternehmen in Großstädten diskutieren. Die Aufgabe muss also sein, den ländlichen Raum wieder so attraktiv zu machen, dass die Menschen dort wohnen möchten, dass sie dort arbeiten können und dass sie auch zu ihrer Arbeit gelangen können. Wichtig ist, die Versorgung zu gewährleisten und das medizinische Angebot zu verbessern. Mit einer solchen Politik hätten wir zwei Fliegen mit einer Klappe geschlagen: Erstens würde die Entvölkerung ganzer Landstriche, der Überalterungsprozess auf dem Land und das Absterben alter Dorfkerne gestoppt und zweitens das Problem des Wohnraummangels in vielen Städten gemildert. Die Gesellschaft würde freier und damit auch zufriedener.

Leider kümmert sich die Politik wie schon gesagt viel zu wenig um dieses Thema. Wenn einmal etwas passiert, dann wird eine Behörde von der Stadt aufs Land verlagert. Und was passiert? Die Mitarbeiter ziehen nicht an den neuen Standort um, sondern pendeln lieber mit dem Zug. Viel sinnvoller wäre es, Anreize für mittelständische Unternehmen zu geben, sich dort anzusiedeln. Das passiert in einem viel zu geringen Maße.

Welches sind denn die größten Probleme des ländlichen Raums?

Das sicher allergrößte Problem ist, dass es auf dem Land kaum noch Arbeitsplätze gibt. Das ist der Hauptgrund, warum viele junge Menschen wegziehen. Es bräuchte viele neue Anreize, um das zu ändern. Ich frage mich beispielsweise, warum ein Forschungszentrum von Google unbedingt in Berlin angesiedelt werden muss. Das kann doch auch in Mecklenburg-Vorpommern sein. Was hindert einen gewieften Landrat in Bayern, Hessen oder Sachsen-Anhalt oder wo auch immer in einer ländlichen Region daran, zu versuchen, ein Gründerzentrum zu errichten? Das muss doch nicht zwangsläufig in Berlin oder München sitzen. Warum kann man nicht ein Bavarian Valley inszenieren? Oder ein Saxony Valley? Das Silicon Valley liegt ja auch nicht mitten in Los Angeles, sondern auf dem Land. Ich habe selbst für verschiedene Start-ups in Berlin gearbeitet. Die begannen meistens in einem kleinen Raum mit ein oder zwei Arbeitsplätzen. Wenn sie nach einiger Zeit expandierten und 10 oder 30 Arbeitsplätze brauchten, ging die Suche nach neuen Räumen in Berlin los. Warum unbedingt in Berlin? Warum nicht irgendwo auf dem Land?

Eine solche Ansiedlung würde jedoch viel voraussetzen. Denn dafür braucht man die notwendige Infrastruktur, eine Autobahn muss in der Nähe sein, Glasfaserkabel müssen bis in das Gewerbegebiet hinein verlegt werden.

Bundeswissenschaftsministerin Anja Karliczek hat gesagt, es bräuchte ja nicht an jeder Milchkanne ein 5G-Netz.

Tja, da gruselt es einen geradezu. Mit solchen Politikern ist schlicht kein Staat auf dem Land zu machen. Das liegt sicher auch daran, dass die wenigsten Politiker heute vor ihrem Politikerleben etwas anderes gemacht haben als Politik. Sie wissen überhaupt nicht, was Unternehmer benötigen, haben kein oder viel zu wenig Verständnis für ihre Wünsche, Nöte und Sachzwänge. Sie haben immer nur in ihrer Politikblase gelebt und kennen sich in der real existierenden Wirtschaft kaum aus.

Aber weiter: Für die Ansiedlung von Gründern auf dem Land müsste ein öffentlicher Nahverkehr aufgebaut werden, der diesen Namen auch wirklich verdient, damit die Menschen problemlos an den Standort kommen und ihn wieder verlassen können. Heute ist es doch nicht selten so, dass Jugendliche, die fünf Kilometer ins nächste Dorf zu ihrem Ausbildungsplatz müssen, um fünf Uhr in der Früh aufstehen müssen, damit sie pünktlich um 8 Uhr an ihrem Arbeitsplatz sind. Dass diese jungen Leute irgendwann keine Lust mehr haben und in eine Stadt gehen, kann man gut verstehen. Die Politik konzentriert sich aber nur auf den öffentlichen Nahverkehr in den Ballungszentren und Metropolregionen und lässt die Menschen, die auf dem Land leben, hängen. Mir ist bewusst, dass die Politik dafür viel Geld in die Hand nehmen müsste, ohne zumindest in absehbarer Zeit einen Ertrag zu haben. Aber an dieser Stelle sind wir wieder beim Thema Visionen. Die Politik müsste die Vision eines ländlichen Raumes haben, der in 20 Jahren nicht endgültig ausgestorben ist, sondern floriert und gedeiht und attraktiv ist für Menschen, die heute dort wohnen, und auch für Menschen, die heute in den Städten wohnen. Und dass sich Mittelstand auf dem Land ansiedelt und nicht wegzieht. Eine solche Vision hat die Politik aber nicht. In den Wahlkämpfen spielt das so gut wie keine Rolle. Da geht es immer nur um urbane Probleme, nicht um die Sorgen der Menschen auf dem Land. Das ist erstaunlich vor dem Hintergrund, dass beispielsweise bei uns in

Bayern 60 Prozent der Menschen und damit auch der Wähler in ländlichen Strukturen leben. Das bedeutet, dass die Politik an 60 Prozent der potenziellen Wählerschaft vorbeigeht.

Zur ländlichen Infrastruktur gehört aber natürlich noch viel mehr: die medizinische Versorgung durch Ärzte und Krankenhäuser, auch Supermärkte oder Bäcker und nicht zuletzt auch Freizeiteinrichtungen für Jugendliche. An allem mangelt es aber und die Situation wird nicht besser, sondern immer schlechter. Schulen haben ein spezielles Problem – es gibt welche, die im Moment an Schülermangel leiden. Aber wenn man den ländlichen Raum stärken und wiederbeleben möchte, muss man sie erhalten, denn sonst ziehen immer mehr Familien weg und es kommen keine neuen nach. Beim Thema Krankenhaus ist diese Situation ja längst da. Im Kreis Rhön-Grabfeld, in dem ich lebe, gibt es kein einziges öffentliches Krankenhaus mehr, das vom Kreis, von der Kommune oder vom Bezirk getragen wird. Es gibt nur noch ein Krankenhaus, das in privater Hand ist. Und das in einem Landkreis, in dem man weit mehr als eine Stunde benötigt, um ihn mit dem Auto zu durchqueren. Das ist die Flucht der öffentlichen Hand aus ihrer ureigenen Verantwortung, nämlich der Gesundheitsversorgung.

Ein anderes Beispiel sind die Berufsschulen. Sie werden von den Bezirken organisiert. Wenn ich also zum Beispiel in Oberfranken wohne, der Betrieb, in dem ich meine Lehre absolviere, aber in Unterfranken angesiedelt ist, kann ich nicht in die sehr viel nähere Berufsschule in Oberfranken gehen, sondern muss, wenn ich Pech habe, in eine Berufsschule gehen, die 60 Kilometer von meinem Wohnort entfernt ist. Eine sehr dumme Regelung, denn sie verhindert, dass junge Menschen ihre Lehre vor Ort in ihrer Heimat machen. Stattdessen gehen sie irgendwann in die nächste Stadt, weil sie es dort viel einfacher haben. Ein Beispiel dafür, dass viel stärker länder- und bezirksübergreifend gedacht werden muss, als das heute geschieht.

Ein weiteres Beispiel ist, dass wir zwar offenbar in Deutschland insgesamt zu viele Ärzte haben, auf dem Land aber zu wenig. In München gibt es ein Überangebot an praktischen Allgemeinärzten und an Fachärzten, während es für die Menschen auf dem Land immer schwieriger wird, sich ärztlich versorgen zu lassen. Diesen Zustand müssen wir ändern. Das kann möglicherweise mit finanziellen Anreizen geschehen. Auch die medizinische Infrastruktur ist notwendig, damit wieder mehr Menschen sich vorstellen können, auf dem Land zu leben. Auch hier besteht die Gefahr, dass sich die ganze Sache zunächst einmal nicht finanziell amortisiert. Aber wenn wir nicht alle gezwungen sein wollen, unser Leben in einer Großstadt zu fristen, müssen wir dringend umdenken.

Nicht jeder fristet sein Leben in einer Großstadt – viele, gerade junge Leute, wollen in der Großstadt mit ihrer Szene und ihren kulturellen Angeboten leben. Für die ist ein Landleben nicht reizvoll.

Stimmt das so wirklich? Ich kenne eine Reihe junger Menschen, die gerne auf dem Land leben oder dort leben würden. Klar gibt es auch Menschen, die gerne in der Stadt leben. Schön wäre es doch, wenn jeder die Möglichkeit hat, selbst zu entscheiden, wo er leben will. Wenn ich außerhalb von Berlin lebe, kann ich trotzdem das Flair der Großstadt genießen oder sogar dort wohnen und trotzdem draußen arbeiten. Das erhöht natürlich die Pendlerströme, aber da sind wir eben wieder beim Thema Ausbau der Infrastruktur. Ich selbst habe auch mehrfach in einer Großstadt gelebt. Jedes

Mal, wenn ich dort hingezogen bin, habe ich das nach einiger Zeit bitter bereut, weil ich merkte, dass das gar nicht zu mir passt. Ich bin kein Stadtmensch. Und ich glaube, es gibt viele Landmenschen in Deutschland, die gezwungen sind, in der Stadt zu leben.

Eine falsch verstandene Auffassung von Bildungsgerechtigkeit

Wo steht das Thema Bildung auf Ihrer politischen Agenda?

Ganz weit oben – und nicht nur, weil ich selbst vier Kinder habe. Bildung ist ein entscheidendes Thema für unsere Gesellschaft. Allerdings wird beim Thema Bildung in Deutschland schon seit Jahrzehnten Schindluder getrieben – mit desaströsen Ergebnissen. Wir laufen hierzulande unter dem Stichwort Bildungsgerechtigkeit in eine völlig falsche Richtung. Viele Menschen, vor allem Politiker der linken Parteien, stellen sich gemeinhin darunter vor, dass jeder Mensch, ganz gleich welche Fähigkeiten und Fertigkeiten er hat, in der Lage sein muss, das Abitur zu machen. Das heißt aber nicht, dass wir die Menschen so qualifizieren, dass sie wirklich fähig sind, das Abitur zu machen. Sondern das bedeutet, dass wir die allgemeine Hochschulreife so weit abschwächen, dass tatsächlich jeder Schüler die Möglichkeit hat, diese zu erlangen. Oder anders gesagt: Wir machen das Abitur so einfach, dass es schlicht jeder schafft. Das ist volkswirtschaftlich nicht sinnvoll, ganz im Gegenteil. Wir hatten ursprünglich ein dreigliedriges Schulsystem und ich glaube, dass die Experten, die sich das ausgedacht haben, wussten, was sie taten. Sie haben sich das so vorgestellt: Es gibt die kleine

Bildungselite, dann das große Mittelfeld und wiederum eine kleinere Schicht, welche die mittlere Reife nicht hinbekommt und die Hauptschule besucht. Die Bildungselite war dazu auserkoren, Wissenschaft, Forschung und Gesellschaft voranzubringen. Die mittlere, sehr große Gruppe hatte in den Augen dieser Experten andere Fähigkeiten und Stärken als beispielsweise der sprichwörtliche zerstreute Professor mit seinen zwei linken Händen, der keinen Nagel gerade in die Wand schlagen und auch nicht wirtschaftlich denken kann. Diese Menschen können vielleicht kaufmännisch gut denken oder haben andere Stärken. Ich stelle mir die Frage: Warum muss ein guter Kaufmann unbedingt das Abitur vorweisen können? Und dann kommt noch die Gruppe, die ihre Fähigkeiten und Fertigkeiten darin hat, mit ihren Händen zu arbeiten. Die können vielleicht keine wissenschaftlichen Zusammenhänge erkennen, wissen aber, wie man ein Dach deckt, einen Stromanschluss legt oder Haare schneidet. Warum müssen solche Menschen das Abitur machen und anfangen, Betriebswirtschaft oder irgendetwas anderes zu studieren – um dann festzustellen, dass so ein Studium gar nichts für sie ist? Wenn sie dann nach einiger Zeit feststellen, dass sie viel lieber eine Lehre als Fliesenleger gemacht hätten, ist das oft frustrierend und es ist viel Zeit vergeudet worden. Politiker, die dem Abitur-Fetisch so verfallen sind, stülpen den Menschen ihr eigenes Gesellschaftsmodell über, das ihnen überhaupt nicht gerecht wird.

Wenn man es wieder hinbekommen würde, das Abitur so zu gestalten, dass nicht jeder Schüler – oder seine Eltern oder unsere Bildungspolitiker – meint, dass er es machen muss, wäre sehr viel gewonnen. Und zwar sowohl für diese jungen Menschen als auch für die Gesellschaft. Dafür muss die Entscheidung, das Abitur nicht machen zu wollen, wieder einen anderen gesellschaftlichen Stellenwert bekommen. Es sind doch gerade unsere Bildungspolitiker, die auf gleiche Bildungschancen pochen, die diesen jungen Menschen aus ideologischen Gründen ihre Chancen nehmen. Gerade diese Bildungspolitiker setzen die Entscheidung eines jungen Menschen, dass er einen Beruf ergreifen möchte, der seinen Fähigkeiten und Neigungen entspricht, herab, indem sie ihn dazu drängen, das Abitur zu machen und irgendetwas zu studieren, mit dem er vielleicht gar nichts anfangen kann. Sie stellen Real- und Hauptschulen als Verwahrstellen für angeblich Gescheiterte dar. Wenn ich als Vater meiner vier Kinder der Ansicht wäre, dass eines davon ein guter Handwerker wäre und an der Universität fehl am Platze, dann würde ich in den Augen dieser Bildungspolitiker als derjenige dastehen, der meinem Kind das Leben versaut. Das Gegenteil aber wäre der Fall – ich würde es vor einer falschen Entscheidung schützen, die ihm von außen aufgedrängt wurde, weil sie angeblich irgendetwas mit Bildungsgerechtigkeit zu tun hat. Es ist zudem ein falsch verstandener Begriff von Gerechtigkeit, wenn man allen den gleichen Abschluss sichert.

Gleiche Chancen zu haben ist ein sehr wichtiges Gut und ein Grundsatz der liberalen Gesellschaft. Es muss sie aber beim Einstieg in das Bildungssystem geben, nicht am Ende. Es ist ein Unding, dass die Chancen der Kinder davon abhängen, aus welchem sozialen Milieu sie stammen; ob ihre Eltern Akademiker oder Arbeiter sind. Das ist sowohl dem Einzelnen gegenüber ungerecht als auch volkswirtschaftlich gesehen schlecht, weil dadurch viele Fähigkeiten junger Menschen unerkannt bleiben. Deshalb fordere ich ein BAföG für Studenten, das vom Einkommen der Eltern beziehungsweise der Familie vollkommen unabhängig ist.

Inwieweit es später zurückgezahlt werden muss, hängt dann von der finanziellen Situation des Empfängers ab. Wenn diejenige Person es sich leisten kann, dann hat die Gesellschaft ein Recht darauf, ihre Hilfe zurückzubekommen. Wenn sie es sich nicht leisten kann, dann muss es eine Gesellschaft aber auch vertragen, dass das Geld weg ist. Auch das ist Teil der Solidargemeinschaft.

In diesem Zusammenhang gibt es noch eine weitere Ungerechtigkeit. Man kann heute mit relativ wenig Geld studieren und den Master machen. Wenn man aber seinen Handwerksmeister machen will, kostet das richtig viel Geld. Diese Kosten kann man zwar auch durch BAföG abfedern, aber ich frage trotzdem: Warum ist es gesellschaftlich anerkannter, seinen Master zu machen, als sich dahingehend zu qualifizieren, andere Menschen auszubilden? Wir haben ja schließlich auch keine Studiengebühren. Und wer sie fordert, wird sofort massenhaft mit Kritik überzogen. Warum haben wir aber dann für die Meisterausbildung solche Gebühren? Da hört für mich Bildungsgerechtigkeit, wie sie Grüne, SPD und Linke verstehen, wirklich auf. An dieser Stelle begreife ich die Welt einfach nicht mehr.

Also: Jeder Mensch muss unabhängig von seiner Herkunft die Möglichkeit haben, das Abitur zu machen, aber nicht jeder muss es, unabhängig von seinen Fähigkeiten, auch machen. Wir müssen dahin kommen, dass der Real- und der Hauptschulabschluss wieder so aufgewertet werden, dass es kein Makel ist, kein Abitur zu haben. Handwerker ist ein guter, ehrenhafter und sehr wichtiger Beruf. Junge Leute aber werden heute dazu gedrängt, sich für so einen Beruf zu schämen. Wenn sich das wieder ändert, kommen wir auch wieder zu dem volkswirtschaftlich nützlichen Zustand, dass es genug Handwerker gibt. Davon kann heute gar keine Rede sein – was eine Folge der angeblichen Bildungsgerechtigkeit ist, die heute jeder zu spüren bekommt, der einen Handwerker benötigt. Was wir ja heute ganz klar feststellen können. Es handelt sich bei dieser Unterscheidung in ein dreigliedriges System mit einer Unterteilung der Schüler nach ihren Fähigkeiten nicht um eine Wertung. Niemand wird deshalb abgewertet, weil er kein Abitur in der Tasche hat. Das gibt es nur in der Vorstellung der Bildungspolitiker, die diese merkwürdige Art von Bildungsgerechtigkeit propagieren. Wir reden hier von verschiedenen Lebenswegen, die alle ihre gleiche Bedeutung und Wertigkeit haben und in der Gesellschaft gleich geachtet werden müssen. Leider sind wir davon heute meilenweit entfernt. Zu sagen, jeder Mensch muss die Möglichkeit haben, Abitur zu machen, egal ob er vorhat, akademisch zu arbeiten oder nicht, hat überhaupt nichts mit Bildungsgerechtigkeit zu tun, ganz im Gegenteil. Und ist volkswirtschaftlich gesehen dumm, weil dadurch Fähigkeiten und Fertigkeiten unterdrückt werden. Mal ganz abgesehen von all dem Gesagten: Der Spruch »Handwerk hat goldenen Boden« war niemals so wahr wie heute. Als Handwerker hat man gute Berufsaussichten und einen ordentlichen Verdienst.

Unsere moralische Verpflichtung, anderen zu helfen

Ein ganz anderes Thema: die Flüchtlings- und Migrationspolitik. War 2015 die Entscheidung von Angela Merkel, die Grenzen für syrische Flüchtlinge zu öffnen, aus heutiger Sicht richtig?

Da muss ich mit einem entschiedenen Jein antworten. Ich glaube, die Art und Weise, wie die Bundeskanzlerin ihre Entscheidung getroffen hat, war nicht richtig. Diese Entscheidung musste ebenso wie ihr Spruch »Wir schaffen das« zu sehr viel Unmut führen.

War aber nicht die Situation historisch einmalig, musste sie nicht unter dem Druck der vielen Menschen, die vor einem schlimmen Bürgerkrieg geflohen waren, reagieren, und zwar schnell?

Man musste reagieren. Aber wenn man Wissenschaftlern und politischen Experten Glauben schenken darf, dann war die ganze Entwicklung lange abzusehen. Es war ja nicht so, dass alle diese Menschen ganz plötzlich und ganz überraschend vor den Grenzen Europas standen und rein wollten. Der Bürgerkrieg in Syrien tobte 2015 schon seit Jahren und es gab Experten, die genau vor der Entwicklung, wie sie dann eingetreten ist, gewarnt haben. Auch war klar, dass in Afrika teilweise grauenhafte Zustände herrschen und es menschenverachtende Diktaturen gibt. Es war klar, dass sich daraus eine Völkerwanderung nach Europa entwickeln könnte. Die Europäische Union hätte sich viel früher darauf vorbereiten und handeln müssen – und Angela Merkel ist ein führender Vertreter dieser EU. Frau Merkels größter Fehler aber war aus meiner Sicht, einen deutschen Alleingang zu starten, ohne dass sie sich vorher mit ihren Partnern in Europa besprochen hatte. Zu handeln ohne eine solche Absprache und dann von diesen Bündnispartnern Hilfe und Unterstützung zu erwarten, das geht einfach nicht. Es wäre zweifellos besser gewesen, vorher zu handeln und auch mit den anderen Europäern zu reden, bevor das Problem überhaupt auftrat. Das war visionslos und blauäugig.

Das war das Nein im Jein. Der andere Punkt – das Ja im Jein: Ich glaube, dass reiche Industrieländer wie Deutschland, von denen viele der EU angehören, eine Verpflichtung gegenüber Menschen haben, auf deren Kosten wir zum Teil unseren Wohlstand aufgebaut haben. Wenn wir mit anderen Geschäfte machen zu deren Nachteil, haben wir die Verantwortung, diesen Menschen ein Stück weit Hilfe zu leisten. Das ist eine Frage von Gerechtigkeit und Humanität. Wie diese Hilfe ausschaut, darüber kann man sicher streiten. Ob das geschieht, indem man viel Geld nach Afrika schickt, das dann möglicherweise in den Händen irgendwelcher Diktatoren oder im Korruptionssumpf versickert, oder ob wir in Form von Zollunionen und Ausbildung der Menschen vor Ort helfen, also Hilfe zur Selbsthilfe geben, ist eine Frage, über die man trefflich diskutieren kann. Ich verlasse mich da in erster Linie auf die Entwicklungspolitiker und Experten, die sich mit diesen Problemen täglich beschäftigen. Aber ganz klar festzuhalten ist: Als relativ wohlhabendes Land haben wir eine moralische Verpflichtung, den armen Menschen zu helfen.

Dieser mitfühlende Aspekt, den Sie jetzt beschrieben haben, hat aber auch einen Aspekt des Eigennutzes, oder? Denn wir brauchen ja Migration.

Das ist richtig. Auch das ist Teil des Ja im Jein. Wir sind auf Zuzug von außen angewiesen, darüber haben wir ja schon gesprochen. Der große Fehler, den wir machen, ist, dass wir die verschiedenen Gruppen der zuzugswilligen Menschen nicht gesondert betrachten. Es gibt solche, die Angst um Leib und Leben haben, solche, die vorübergehend hier bleiben wollen, bis der Bürgerkrieg in ihrer Heimat vorbei ist, und es gibt diejenigen, die aus wirtschaftlichen Gründen zu uns kommen. Also Flüchtlinge, Asylsuchende und Einwanderer. Diese drei Gruppen von Menschen behandeln wir als eine einzige große Gruppe. Damit werden wir aber keiner wirklich gerecht. Da frage ich: Warum können wir nicht diese drei Menschengruppen nach den Anforderungen behandeln, die sich mit ihrer Anwesenheit ergeben? Nämlich diejenigen, die sich hier für ein Leben qualifizieren, für immer in Deutschland bleiben möchten und unter Umständen auch einen echten Mehrwert für unsere Gesellschaft darstellen; diejenigen, die tatsächlich ein Anrecht auf Asyl haben, und die Leute, die vorübergehend hier aufgenommen werden möchten, bis sie die Möglichkeit haben, wieder in ihr Land zurückzukehren, und dort dann helfen, dieses Land nach einem Bürgerkrieg oder Krieg wiederaufzubauen. Warum können wir diese Gruppen nicht ganz wertfrei so betrachten und nicht nur als Migranten, die uns nur zur Last fallen und unser Sozialsystem ausnutzen wollen? Ich erinnere gerne nochmals daran: Es gibt nicht nur die moralische Verpflichtung, Menschen in Not zu helfen, sondern wir brauchen einwanderungswillige Menschen, damit unsere Wirtschaft und unsere Sozialsysteme auch später noch funktionieren. Es gibt ja auch viele Menschen, die schon hier sind und bleiben möchten, obwohl sie als Asylbewerber keine Chance haben, zum Beispiel aus den nordafrikanischen Staaten. Warum bilden wir sie nicht ganz einfach aus und erlauben ihnen, in Deutschland zu bleiben, wenn sie sich bewähren und gemäß unseren Gesetzen verhalten? Jetzt müssen sie ihr Leben hier als nicht geduldet, aber gleichwohl hier verwahrte Menschen fristen, anstatt dass sie sich sinnvoll betätigen und damit sich, der Wirtschaft und der Gesellschaft helfen. Wir könnten diesen Menschen doch eine dreijährige Frist einräumen, während der sie es schaffen müssen, sich hier ein eigenständiges Leben aufzubauen. Wenn sie es schaffen – schön. Wenn nicht, müssen sie das Land eben wieder verlassen. Dann lag es nicht an der Gesellschaft, sondern an der jeweiligen Person. Die Politik redet gerne vom sogenannten Spurwechsel – also von der Möglichkeit, dass Asylbewerber, die keine Chance haben, unter ganz bestimmten Bedingungen hierbleiben und arbeiten dürfen. Warum geben wir das nicht einfach komplett frei? Es sind in diesem Fall die Konservativen, die das mit aller Macht verhindern. Das wäre eine Win-Win-Situation – wir helfen anderen und haben selbst einen Vorteil davon. Schon der amerikanische Marshall-Plan nach dem Zweiten Weltkrieg hat nach diesem Prinzip funktioniert. Aber klar ist, wir können natürlich nicht jeden aufnehmen, der gerne hierbleiben möchte.

Eine solche Lösung wäre für Teile der Bevölkerung aber eine Provokation. Die ganze Migrationspolitik hat ja ohnehin zu einer Spaltung in der Gesellschaft geführt. Ist Angela Merkel an dieser Entwicklung schuld?

Ich möchte Frau Merkel nicht für das Erstarken der AfD verantwortlich machen. Rechtsradikale gab es auch vorher schon, sie waren nur nicht so laut wie jetzt. Ich werfe ihr nicht vor, dass sie 2015 Herz bewiesen und die Grenzen geöffnet hat. Ich werfe ihr die mangelnde anschließende Handhabung vor. Sie hat handwerkliche Fehler gemacht. Wenn ich dies sage, ist mir durchaus bewusst, dass man das im Nachhinein immer konstatieren kann, und immerhin gab es für die Lösung der Flüchtlingswelle ja auch keine Blaupause. Vor allem hat sie nicht versucht, diese absehbare Entwicklung vorher schon in den Griff zu bekommen.

Wer also Migranten die Möglichkeiten geben möchte, sich hier zu etablieren, weil Wirtschaft, Sozialsysteme und Gesellschaft sie brauchen, der tut das auch aus Verantwortung, um an den Titel dieses Buches zu erinnern?

So ist es. Es gibt für so eine Politik auch ganz egoistische Gründe.

Der Name Stauffenberg ist eine Verpflichtung

Wir haben jetzt einen weiten Bogen geschlagen – vom Attentat auf Hitler auf der einen Seite über die Klima- bis hin zur Migrationspolitik auf der anderen. Sehen Sie da eine verbindende Linie?

Mein Großvater hat aus Verantwortung für Deutschland gehandelt, als er den brutalen Diktator und Kriegsherrn Adolf Hitler umbringen wollte. Damit hat er eine Vorbildfunktion, wenn ich auch sonst sicher nicht mit allem einverstanden bin, was er dachte. Auch aus dieser Handlungsweise heraus erwächst mein Wille, Politik zu machen. Diese Politik möchte ich aus Verantwortung für Deutschland, Europa und seine Gesellschaft vorantreiben. Natürlich und zum Glück in einem völlig anderen Umfeld, denn wir leben heute in einer Demokratie, nicht wie mein Großvater in einer Diktatur. Aber gerade mein Eintreten gegen den Extremismus jeglicher Couleur geht auch auf den Einsatz meines Großvaters gegen Hitler zurück, denn ich möchte helfen zu verhindern, dass wir in Deutschland und Europa jemals wieder in eine Situation kommen, dass ein Mann wie mein Großvater sich überhaupt genötigt sieht, zu einer solchen Tat zu schreiten.

Insofern: Ja, ich denke, man kann eine verbindende Linie zwischen dem Handeln meines Großvaters und den Gründen, warum ich Politik mache, sehen. Und insofern ist der Name Stauffenberg für mich auch eine Verpflichtung, aber auf gar keinen Fall ein Privileg.